mandelbaum *verlag*

Giorgos Kallis, Susan Paulson, Giacomo D'Alisa und Federico Demaria

GEGEN WACHSTUM!

Degrowth: Argumente und Strategien

aus dem Englischen übersetzt von
Max Henninger

mandelbaum *verlag*

translated from Giorgos Kallis, Susan Paulson, Giacomo D'Alisa, Federico Demaria, 1st edition, The Case for Degrowth, Polity Press 2020

This edition is published by arrangement with Polity Press Ltd., Cambridge

mandelbaum.at • mandelbaum.de

ISBN 978385476-935-4

Lektorat: ELVIRA GROSS
Satz: BERNHARD AMANSHAUSER
Umschlag: MICHAEL BAICULESCU
Druck: PRIMERATE, Budapest

Inhalt

FRANK ADLOFF

Es ist Zeit für Degrowth!

Über eine verrückte, aber notwendige Idee

Dass es so nicht weitergehen kann, hat sich mittlerweile herumgesprochen. Die Corona-Pandemie hat gezeigt, welche Versorgungslücken im Gesundheitssystem bestehen, wie gesellschaftlich dringend benötigte Arbeit nur unzureichend entlohnt wird, wie in Zeiten der Krise die gesellschaftliche Polarisierung wächst. Wir wissen, dass wir uns am Beginn einer Klimakatastrophe befinden und in einem Zeitalter des Massenaussterbens von Arten von Pflanzen und Tieren leben. Soziale Ungleichheiten sind prävalent, und wir befinden uns in einem Hamsterrad zunehmender Beschleunigung. Und schließlich droht mit dem Angriff Russlands auf die Ukraine eine neue bi- oder multipolare Weltordnung, die den Wunsch nach globaler Kooperation naiv erscheinen lässt und die Welt zudem in eine Energie- und Nahrungsmittelkrise stürzt. In dieser multiplen Krisensituation eine positive und reale Utopie zu entwickeln, fällt sehr schwer, und dennoch ist nichts dringender gefragt.

Im öffentlichen Fokus stehen dagegen zumeist „realpolitische" Maßnahmen zur ökologischen Modernisierung, zum Ausgleich von sozialen Lasten oder zur Eindämmung der durch den Krieg hervorgerufenen Energiekrise. Auf wirtschaftspolitischem Gebiet überwiegen Forderungen nach einer ökologischen Modernisierung, etwa in Form eines Green (New) Deal. Grüne Stimuli sollen „die Grundlage für langfristige Innovationen und eine klimafreundliche wirtschaftliche Entwicklung" schaffen, die Klimaschutz und Wirtschaftswachstum miteinander verknüpft und versöhnt.[1] Diese

1 Mats Kröger et al., „Green New Deal nach Corona: Was wir aus der Finanzkrise lernen können", in: DIW aktuell 39, Berlin 2020, https://www.diw.de/de/diw_01.c.786330.de/publikationen/diw_aktuell/2020_0039/green_new_

ökologische Modernisierung soll auf der bestehenden Institutionenordnung aufbauen, um Gesellschaften nachhaltiger zu machen: Individualismus, liberale Demokratie und kapitalistische Marktwirtschaft sollen erhalten bleiben, aber an die veränderten ökologischen Grenzen angepasst werden. Anhänger:innen eines „grünen Kapitalismus" sind der Ansicht, dass der technische Fortschritt zukünftig eine Entkoppelung des Wirtschaftswachstums vom Ressourcenverbrauch ermöglichen wird. In Deutschland ist eine solche Position breiter Konsens und wird paradigmatisch von der FDP vertreten, die dementsprechend auf Markt und Innovation setzt und staatliche Regulierungen weitgehend ablehnt.

Vertreter:innen von Ansätzen hingegen, die auf eine große gesellschaftliche Transformation abzielen, lehnen eine solche Modernisierungsstrategie aus empirischen Gründen strikt ab. Die Postwachstumstheoretiker Jason Hickel und Giorgos Kallis zeigen in einer Studie, dass es historisch bisher nicht möglich war, den Ressourcenverbrauch global vom Wirtschaftswachstum abzukoppeln.[2] Selbst wenn eine Abkopplung Schritt für Schritt gelingen würde, wäre sie absolut gesehen nicht in der Lage, die Einhaltung des 1,5- oder 2-Grad-Ziels zu bewirken. Daher sei Wirtschaftswachstum gesellschaftspolitisch ein falsches politisches Ziel. Dennoch ist das Wachstum fest in Wirtschaft, Politik und Wissenschaft als Leitidee verankert. So gehen auch alle Szenarien des Weltklimarats (IPPC) von einem Wirtschaftswachstum in den kommenden Jahrzehnten aus. Erst jüngst, im Frühjahr 2022, formulierte der IPPC die Forderung, dass zur CO2-Reduktion ein Rückgang in der Konsumnachfrage notwendig sei.

Vertreter:inen einer transformatorischen Perspektive geht es um einen fundamentalen Wandel von Wirtschaft und Gesellschaft: um Wachstumsrücknahme in Produktion und Konsum sowie um eine gerechtere und egalitärere Sozialordnung, die den Zwang zum ökonomischen Wachstum überwindet und darüber hinaus

deal_nach_corona__was_wir_aus_der_finanzkrise_lernen_koennen.html (19.8.2022).

2 Jason Hickel/Giorgos Kallis, „Is Green Growth Possible?", in: New Political Economy 25:4, 2020, S. 469–486.

die Natur nicht länger beherrscht und ausbeutet. Degrowth stellt eine heterodoxe Leitidee für eine anvisierte große Transformation dar: Gesellschaften sollten wirtschaftlich und gesellschaftspolitisch auf Postwachstum setzen, um den bestehenden Herausforderungen zu begegnen.

Im Zuge der Coronakrise hat diese Perspektive eine größere Resonanz erfahren, da die Lockdowns in Europa die Frage aufgeworfen haben, ob der von Degrowth-Theoretiker:innen und -Aktivist:innen geforderte Übergang in eine Postwachstumsgesellschaft mit ähnlich einschneidenden Maßnahmen verbunden sei. Im Lockdown einen Vorgeschmack auf das Leben im Postwachstumszeitalter sehen zu wollen, ist aus einer Postwachstumsperspektive allerdings falsch. Geplantes Degrowth ereignet sich nicht als krisenhafter Wirtschaftseinbruch, sondern beruht auf langfristiger Planung und einer schrittweisen Transformation der Wachstums- in eine Postwachstumsgesellschaft. Es müsste nach und nach ein alternatives Wirtschaftssystem aufgebaut werden, das resilienter gegenüber Schocks und Krisen ist: Gefordert werden in diesem Zusammenhang eine Relokalisierung wirtschaftlicher Kreisläufe, die Einführung eines bedingungslosen Grundeinkommens, gemeinschaftsbasierte ökonomische Aktivitäten sowie eine Überwindung der industriellen Landwirtschaft.

Am 13. Mai 2020 erschien in mehreren Ländern ein offener Brief mit dem Titel „Neue Wurzeln für die Wirtschaft", der von über 1.100 Expert:innen und mehr als 70 Organisationen unterzeichnet war und eine Degrowth-Strategie als Weg aus der Coronakrise entwarf. Gesellschaft, Ökonomie und Politik sollen – so die Forderung – sich unabhängig vom Wirtschaftswachstum machen. In einer gerechten Postwachstumsgesellschaft könne man die Wirtschaft für Monate runterfahren, ohne zwangsläufig die Versorgung mit lebensnotwendigen Gütern und Dienstleistungen aufs Spiel zu setzen.[3] Selbst in der Wochenzeitung *Die Zeit* (vom 8. Juli 2020) wurde im Zuge der Coronakrise über die Frage diskutiert,

3 Arbeitsgruppe Degrowth: New Roots, „Degrowth: Neue Wurzeln für die Wirtschaft", 13.5.2020, https://kontrast.at/degrowth-bewegung-einfach-erklaert/ (19.8.2022).

wie eine Wirtschaft ohne Wachstum aussähe. Dabei betonten erstaunlicherweise die befragten Expert:innen, dass moderne Ökonomien auch schrumpfen oder sich in einem stabilen Zustand (*steady state*) einpendeln könnten, ohne dass dies zu verheerenden Konsequenzen führe. Selbst der angesehene US-amerikanische Ökonom Robert Solow, der 1987 den Alfred-Nobel-Gedächtnispreis für Wirtschaftswissenschaften für seine Forschung zum Thema Wirtschaftswachstum erhielt, sieht die Probleme nur beim Übergang von einer Wachstums- in eine Postwachstumsökonomie und nicht im Postwachstum selbst. Ein Zeichen, dass ein moderater Postwachstumsdiskurs mittlerweile in der links-liberalen Mitte Deutschlands angekommen ist.

Möglicherweise findet tatsächlich ein vorsichtiges Umdenken in Kreisen statt, die bisher orthodox am Prinzip des Wirtschaftswachstums festgehalten haben: Im Juli 2022 veröffentlichte die Stiftung Weltwirtschaftsforum, Ausrichter der gleichnamigen jährlichen Konferenz in Davos, einen kleinen Bericht über Degrowth, der fragt: „Why does Degrowth matter?". Degrowth wird dabei keinesfalls als abwegig dargestellt, sondern als reale Möglichkeit, den Durchsatz von Energie und Ressourcen zu reduzieren.[4]

Vor dem Hintergrund anhaltender politischer Schwierigkeiten, den enormen Ressourcenverbrauch und die Emissionen kapitalistischer Ökonomien verbindlich einzuschränken, wird in heterodoxen Kreisen schon länger darüber debattiert, wie eine nicht wachstumsbasierte Wirtschafts- und Sozialordnung aussehen könnte.[5] Debatten um eine Postwachstumsgesellschaft kreisen insbesondere um die Begriffe „degrowth" und „décroissance".[6] Der französische Begriff der *décroissance* wurde im Jahr 1972 von André Gorz geprägt, um auf die Notwendigkeit einer Wachstumsrück-

4 Victoria Masterson, „Degrowth – what's behind the economic theory and why does it matter right now?", https://www.weforum.org/agenda/2022/06/what-is-degrowth-economics-climate-change/ (19.8.2022).

5 Vgl. Tim Jackson, *Wohlstand ohne Wachstum*. Leben und Wirtschaften in einer endlichen Welt, übers. von Eva Leipprand, München 2011. Barbara Muraca, *Gut leben*. Eine Gesellschaft jenseits des Wachstums, Berlin 2014.

6 Für einen Überblick: Matthias Schmelzer/Andrea Vetter, *Degrowth/Postwachstum zur Einführung*, Hamburg 2019.

nahme für das ökologische Gleichgewicht der Erde hinzuweisen. Die von Gorz eröffnete Auseinandersetzung um eine neue politische Ökologie geriet jedoch für viele Jahre in Vergessenheit, bevor vor rund zwanzig Jahren eine neue Diskussion hierüber begann. Diesmal entzündete sich die Kritik am Konzept der „nachhaltigen Entwicklung". Insbesondere der französische Ökonom und Philosoph Serge Latouche argumentierte mit dem Konzept der *décroissance* gegen die hegemoniale Vorstellung, dass es nur den einen westlichen Entwicklungspfad gebe und dieser zwangsläufig auf der Wachstumslogik eines immer größeren Ressourcenverbrauchs und Güterkonsums beruhen müsse.[7] Der Degrowth-Ansatz versteht sich daher auch als Alternative zum Konzept der „nachhaltigen Entwicklung", das Entwicklung, Ökologie und Ökonomie miteinander versöhnen soll und auf der UNO-Konferenz über Umwelt und Entwicklung im Jahr 1992 in Rio de Janeiro von der internationalen Staatengemeinschaft anerkannt wurde.

Ausgehend von Frankreich, dann auch von Spanien und Italien, entstand aus dem Begriff der *décroissance* eine fundamentale Kritik der Wachstumsidee und damit auch des Kapitalismus, wie wir ihn kennen. Giorgos Kallis, Federico Demaria und Giacomo D'Alisa schreiben in einem zentralen, von ihnen herausgegebenen Handbuch, dass *décroissance* vor allem „eine Dekolonialisierung der öffentlichen Debatte vom Idiom des Ökonomismus und die Abkehr von Wirtschaftswachstum als einem gesellschaftlichen Ziel" verlange.[8] Giorgos Kallis, Susan Paulson, Giacomo D'Alisa und Federico Demaria geht es im vorliegenden Band *Gegen Wachstum!* um Alternativen zur Wachstumsideologie, die sich etwa in Praktiken des Teilens oder Ansätzen wie Commons und Care ausdrücken. Sie nehmen dabei ganz unterschiedliche Dimensionen in

7 Vgl. Serge Latouche, *Es reicht!* Abrechnung mit dem Wachstumswahn, übers. von Barbara Reitz u. Thomas Wollermann, München 2015. Siehe dazu auch Alberto Acosta, „Vom guten Leben. Der Ausweg aus der Entwicklungsideologie", in: Blätter für deutsche und internationale Politik (Hg.), *Mehr geht nicht!* Der Postwachstums-Reader, Berlin 2015, S. 191–197.

8 Giorgos Kallis/Federico Demaria/Giacomo D'Alisa, „Introduction: Degrowth", in: dies. (Hg.), *Degrowth*, S. 1–16, hier: S. 3 (meine Übersetzung, F. A.).

den Blick: den CO_2-Ausstoß, eine Kritik des BIP als Kennziffer, Wachstums- und Beschleunigungskritik, Kapitalismuskritik, Kritik der geschlechtsbezogenen Arbeitsteilung, Kritik an Entfremdung von Arbeit und Natur, Forderungen nach Arbeitszeitverkürzung oder nach einem Grundeinkommen, Kritik der Ausbeutung des globalen Südens, Kritik westlicher Modernisierungsvorstellungen. Angestrebt wird eine Gesellschaft, die nicht Wachstum als Selbstzweck verfolgt, sondern eine Gesellschaft, die sich autonom Ziele setzen kann und sich auch in Freiheit zu begrenzen vermag. Eine Gesellschaft also, die nicht von vorgeblichen ökonomischen Sachzwängen regiert wird und die die westliche Hybris überwindet, die Natur beherrschen zu wollen. In einem Wort: eine konviviale Postwachstumsgesellschaft.[9]

Dabei gibt es auch unter globalen kapitalistischen Bedingungen bereits viele wegweisende nicht- und postkapitalistische Praktiken des Wirtschaftens, wie *Gegen Wachstum!* in aller Deutlichkeit zeigt. Diese werden jedoch sowohl von neoklassischen Ökonom:innen als auch von marxistischen Linken übersehen oder nicht ernst genug genommen. Diese Ignoranz erschwert die intellektuelle und praktische Suche nach nichtkapitalistischen Alternativen des Zusammenlebens. Wenn man die Ökonomie als durch und durch kapitalistisch auffasst, übersieht man die nichtkapitalistischen Praktiken des Wirtschaftens und trägt zur politischen Entmutigung postkapitalistischer Initiativen bei. Die Ökonomie ist niemals komplett identisch mit kapitalistischer Warenökonomie, auch wenn nicht- oder postkapitalistische Praktiken häufig unsichtbar gemacht oder gar geleugnet werden.[10]

Die größte Herausforderung für die Realutopie einer konvivialen Postwachstumsgesellschaft besteht jedoch in dem Problem, wie sich die Abkehr vom Wirtschaftswachstum mit der Notwendigkeit verbinden lässt, soziale Ungleichheiten zu bekämpfen. Denn wenn der Kuchen des materiellen Wohlstands schrumpft und nicht

9 Vgl. Die konvivialistische Internationale, Das zweite konvivialistische Manifest. Für eine post-neoliberale Welt, übers. von Michael Halfbrodt, Bielefeld 2020.

10 Vgl. Frank Adloff, *Politik der Gabe*. Für ein anderes Zusammenleben. Hamburg 2018.

mehr wächst, müssen aus einer Degrowth-Perspektive wohlhabende und reiche Einkommens- und Vermögensgruppen viel stärker zur Kasse gebeten werden. Degrowth ist also vor allem auch ein soziales Umstrukturierungs- und ökonomisches Umverteilungsprojekt, wenn versucht wird, die Macht des ökonomischen Wachstumszwangs zurückzudrängen. Gesellschaftlich wertvolle Güter wie soziale Sicherheit und Bildung sollten unabhängig vom Wirtschaftswachstum bereitgestellt werden können. Konkret bedeutet das, die Abhängigkeit der Bürger:innen von Wachstum, Unternehmen und Märkten zu lösen.[11] Dazu braucht es einen ausgebauten, gut funktionierenden öffentlichen Sektor sowie neue Formen der Kooperation zwischen Unternehmen, der öffentlichen Hand und dem zivilgesellschaftlichen beziehungsweise dem Nonprofit-Sektor. Gemeingüter sollten nicht privatisiert, sondern erhalten und neu geschaffen werden, Genossenschaften gelte es zu fördern oder regionale Komplementärwährungen zu unterstützen. Konsumgüter bräuchten eine längere Haltbarkeit, Mobilität sollte auch ohne Individualverkehr möglich sein, und die Abhängigkeit nicht nur von Märkten und Unternehmen, sondern auch vom Geld müsste durch Formen nicht-monetären Austauschs verringert werden. Und schließlich bräuchte es ein radikal verändertes Verständnis von Unternehmen: So setzt sich beispielsweise die Gemeinwohlökonomie[12] dafür ein, dass Unternehmen nicht nur rentabel arbeiten, sondern auch gemeinwohlorientiert agieren. Ähnliche Ziele verfolgen auch Ansätze wie die solidarische Ökonomie, die solidarische Landwirtschaft, der Konvivialismus, die Share Economy, die Commons und die Gemeinwesenökonomie. Hinzu kommen neue Formen der internetbasierten offenen Ökonomie wie Peer-to-Peer-Netzwerke, Wikipedia, Linux, Creative Commons etc.

Wie realistisch ein Übergang in eine Postwachstumsgesellschaft ist, kann derzeit nicht wirklich abgesehen werden. Doch lässt sich die Abkehr vom wachstumsbasierten Wirtschafts- und Lebens-

11 Vgl. Alain Caillé/Les Convivialistes, *Éléments d'une politique convivialiste*, Lormont 2016.

12 Vgl. Christian Felber, *Die Gemeinwohlökonomie.* Das Wirtschaftsmodell der Zukunft, Wien 2012.

modell schwerlich ohne einen radikalen Wandel grundlegender kultureller Orientierungen denken. Dies betonen auch die Autor:innen von *Gegen Wachstum!*. Der Soziologe und Philosoph Hartmut Rosa hat daraus die kulturtheoretische Konsequenz gezogen, dass die für westliche Kulturen charakteristische Verknüpfung von materiellem Wohlstand und Vorstellungen vom guten Leben entkoppelt werden müssen.[13] Klar ist, dass eine Abkehr vom Wachstumsparadigma eine radikale Infragestellung der bisherigen westlich-modernen Lebensform darstellt und daher ohne einen tiefgreifenden Wandel einer auf die Verfügung über Ressourcen fixierten Kultur und entsprechender Mentalitäten kaum möglich sein wird. Dabei bedarf ein solcher Wandel vieler Trägergruppen, und zwar weit über die jüngeren akademisch gebildeten links-alternativen Mittelschichten hinaus,[14] die schon in der Gegenwart radikal die dominanten Wachstumsimperative infrage stellen. Ansonsten wird Degrowth ein kleines Nischenphänomen bleiben.

Offenkundig setzt die Degrowth-Bewegung auf das Prinzip zivilgesellschaftlicher Selbstorganisation – im Unterschied etwa zu den staatssozialistischen Gesellschaften des 20. Jahrhunderts. Im Unterschied zu den meisten sozialistischen Ideen des 19. und 20. Jahrhunderts trägt das Konzept von Degrowth Keime einer tragfähigen postkapitalistischen Vision in sich. Denn es werden die gravierendsten Fehler der in der Industriegesellschaft des 19. Jahrhunderts verwurzelten sozialistischen Ideen vermieden.[15] Die Gewährung individueller Freiheitsrechte wird erstens nicht zugunsten eines Kollektivs aufgegeben. Zweitens richtet sich Degrowth an alle Gesellschaftsschichten und nicht primär an eine revolutionäre Arbeiterschaft. Und drittens hat man sich sowohl von der Vorstellung eines gesetzmäßigen Fortschritts in der Geschichte

13 Vgl. Hartmut Rosa, *Resonanz.* Eine Soziologie der Weltbeziehung, Berlin 2016.

14 Dennis Eversberg, „Erste Ergebnisse der Teilnehmendenbefragung zur Degrowth-Konferenz 2014 in Leipzig. Ein Überblick über Zusammensetzung, Engagement und Alltagspraktiken der Befragten", Working Paper 1/2015 der DFG-Kollegforschergruppe Postwachstumsgesellschaften, Jena 2015.

15 Siehe auch Axel Honneth, *Die Idee des Sozialismus.* Versuch einer Aktualisierung, Berlin 2015.

verabschiedet als auch von der Annahme sozioökonomischer Entwicklungsgesetze. Im Gegenteil: Mit der Entwicklungsvorstellung immerwährenden Wachstums wird dezidiert gebrochen und plurale Modelle des guten Lebens werden anvisiert. Diesen drei schwerwiegenden und in der Konsequenz desaströsen Fehleinschätzungen des historischen Sozialismus unterliegen die aktuellen Degrowth-Debatten und -Praktiken also nicht. So stehen sie mit ihrer Suche nach realen Utopien frühsozialistischen und anarchistischen Traditionen näher als dem sogenannten „wissenschaftlichen Marxismus". Sie setzen eher auf Proudhons *mutualité* und ökonomische Experimente und nicht auf Marx' Analyse vorgeblich objektiver Entwicklungsgesetze oder eine Diktatur des Proletariats.

Zu Recht gehen Kallis, Paulson, D'Alisa und Demaria davon aus, dass es keine Blaupause für eine alternative soziale Ordnung gibt und auch nicht geben sollte. Die von ihnen anvisierten radikaldemokratischen und postkapitalistischen Alternativen setzen vielmehr auf einen sozialen Experimentalismus, der auf freie Assoziation und Kooperation setzt. Neue Welten werden nicht nur imaginiert, sondern im Vorgriff auf eine mögliche Zukunft schon in der Gegenwart in der Zivilgesellschaft realisiert.

Die Coronakrise wie auch die gegenwärtige geopolitische Energiekrise haben uns auch deutlich vor Augen geführt, wie interdependent die heutige globalisierte Welt ist. Für die Wirtschaft stellt sich damit fast notwendigerweise die Frage, wie sie krisenfester gestaltet werden kann, wie sie möglicherweise vom Wachstumszwang befreit, wie sie regionaler, demokratischer und gemeinwohlorientierter werden kann. Resilienz gegenüber externen wirtschaftlichen Schocks wird sich sicherlich nur über ein Zurückdrängen von Prozessen der Kommodifizierung und Vermarktlichung erreichen lassen.[16] Die französischen Kollapsologen Pablo Servigne und Raphael Stevens haben vor einigen Jahren die

16 Vgl. hierzu etwa das Manifest für ein Wirtschaften nach der Pandemie „Arbeit – demokratisieren, dekommodifizieren, nachhaltig gestalten", das von über 3.000 Wissenschaftler:innen unterzeichnet wurde. Für eine deutschsprachige Fassung des Manifests siehe *Die Zeit*, 15.5.2020, https://www.zeit.de/kultur/2020-05/wirtschaften-nach-der-pandemie-demokratie-dekommodifizierung-nachhaltigkeit-manifest (19.8.2022).

damals noch abwegig erscheinende These vertreten, dass in naher Zukunft mit infrastrukturellen, ökonomischen und gesellschaftlichen Zusammenbrüchen im Zuge der Erderwärmung und des Schwunds an Biodiversität zu rechnen sei.[17] Lebensmittelknappheit, Wassermangel und Dürren, Hochwasser – all dies erleben wir derzeit, nicht allein in Ländern des Globalen Südens, sondern hier in Europa. Nur resiliente Strukturen, die sich unabhängig von der Wachstumslogik der Moderne machen, werden, so könnte man es wagen zu prognostizieren, in der Lage sein, diese Zusammenbrüche gut zu überstehen. Aus diesem Grund könnten die gegenwärtigen Krisen möglicherweise als entgegenkommende Ereignisse für die Degrowth-Bewegung gedeutet werden. Krisen können durchaus fest etablierte Vorstellungswelten und Möglichkeitsräume infrage stellen und alternative Handlungshorizonte eröffnen.

Ob diese Chance genutzt wird, die verrückte Idee von einer Postwachstumsgesellschaft umzusetzen, bleibt abzuwarten. Denn in den kommenden Jahren werden sich viele bestehende Konflikte massiv verschärfen, und neue, sehr wahrscheinlich heftig ausfallende Verteilungskämpfe müssen ausgefochten werden. Dahinter wird aber stets die Frage stehen, wie mit dem westlichen Verteilungs-, Wachstums- und Entwicklungsmodell weiter zu verfahren ist. Solange Mehrausgaben für eine ökologisch nachhaltigere und gerechtere Gesellschaft hauptsächlich von den unteren und mittleren Schichten übernommen werden sollen, sind die Betroffenen nur sehr eingeschränkt für eine radikalere Gesellschaftstransformation zu gewinnen und rücken politisch gegebenenfalls weiter nach rechts. Für eine radikalere sozial-ökologische Transformation der Gesellschaft ließen sich Mehrheiten nur dann gewinnen, wenn diese Klassen auch materiell durch Umverteilungspolitiken von oben nach unten profitieren würden. Die soziale und die ökologische Frage hängen eben aufs Engste miteinander zusammen.[18]

17 Siehe Pablo Servigne/Raphael Stevens, *Wie alles zusammenbrechen kann.* Handbuch der Kollapsologie, Wien 2022 (französisches Original: 2015).

18 Vgl. Frank Adloff/Sérgio Costa, „Konvivialismus 2.0. Ein Nachwort“, in: Die konvivialistische Internationale, *Das zweite konvivialistische Manifest.* Für eine post-neoliberale Welt, übers. von Michael Halfbrodt, Bielefeld 2020, S. 119–144.

Ob sich die in der Gegenwart angelegten konvivialen Postwachstumszukünfte durchsetzen werden, ist noch offen – umso mehr sei *Gegen Wachstum!* eine breite, interessierte und rege Leser:innenschaft gewünscht.

Vorwort

Zum Zeitpunkt der Drucklegung dieses Buches, im April 2020, hat die Weltgesundheitsorganisation eine COVID-19-Pandemie ausgerufen. Wir schreiben diese Zeilen unter Quarantäne in unseren Häusern in Barcelona und Florida. Wir sind keine Prophet*innen und können daher nicht vorhersagen, wie sich die Gesundheits- und Wirtschaftskrisen entwickelt haben werden, wenn Sie dieses Buch lesen. Eines wissen wir jedoch: Die Argumente für Degrowth werden so aktuell bleiben wie eh und je.

Wir argumentieren, dass das gegenwärtige ökologische Ungleichgewicht und eine Reihe sozialer Missstände auf das unerbittliche Streben nach Wachstum zurückzuführen sind. Es wäre naiv zu behaupten, die Pandemie sei ein Beweis für die Grenzen des Wachstums, eine messianische Abrechnung mit unserer nicht nachhaltigen Lebensweise. Epidemien hat es in der Vergangenheit bereits gegeben, und es wird sie auch in Zukunft geben. Doch Tempo und Ausmaß des Infektionsgeschehens sind eindeutig auf die Verflechtungen der beschleunigten globalen Wirtschaft zurückzuführen, wie die Verbreitung über Flugzeuge und Schiffe zeigt. Die zunehmende Leichtigkeit, mit der Viren von Tieren auf Menschen übergehen, ist bedingt durch die Ausdehnung industrieller Agrarsysteme, das Eindringen des Menschen in tierische Lebensräume und die Kommerzialisierung von Wildtieren – allesamt integraler Bestandteil der derzeitigen Wachstumswirtschaft.

Dass einige Politiker*innen es versäumt haben, rasch zu reagieren und ihre Bevölkerung zu schützen, kann ebenso wie das Drängen, die Wirtschaft wieder anzukurbeln, noch bevor die Pandemie vorbei ist, im Zusammenhang mit den anhaltenden Wachstumsbestrebungen verstanden werden, die in diesem Buch untersucht werden. Ein gefährlicher Aspekt solcher Bestrebungen ist die Ablehnung wissenschaftlicher Erkenntnisse und Ratschläge. In den letzten Jahrzehnten haben die Leugner*innen des Klimawandels in einem Teil der Öffentlichkeit den Glauben an die Wissenschaft geschwächt, um das mit fossilen Brennstoffen betriebene Wachstum zu verteidigen. Da sie wissenschaftliche Erkenntnisse, die das Wirtschaftswachstum bedrohen, nicht begrüßen, haben einige Regierungen die Mittel für Pandemie-Forschungsgruppen und Epidemie-Kontrollteams gekürzt, ebenso wie die für Studien zur Bremsung des Klimawandels und zur Anpassung an denselben.

Jahrzehntelange Haushaltskürzungen im Bereich der öffentlichen Gesundheit und der sozialen und zivilen Sicherheitsinfrastruktur, die im Namen des Wirtschaftswachstums vorgenommen wurden, haben die Fähigkeit vieler Staaten, auf diese Krise zu reagieren, untergraben. Die Pandemie hat die Anfälligkeit der bestehenden Wirtschaftssysteme offengelegt. Wohlhabende Nationen verfügen über mehr als genug Ressourcen, um die öffentliche Gesundheit und die Grundbedürfnisse während einer Krise zu decken. Sie könnten Rückgänge in nicht lebensnotwendigen Bereichen der Wirtschaft durch die Umverteilung von Arbeit und Ressourcen auf lebensnotwendige Bereiche auffangen. Doch so, wie die derzeitigen Wirtschaftssysteme auf einen ständigen Kreislauf ausgerichtet sind, droht bei einem Rückgang der Marktaktivität der Systemkollaps, mit verallgemeinerter Arbeitslosigkeit und Verarmung als Folgen. So muss es nicht sein. Um künftigen Krisen – Pandemien, Klimakrisen, Finanzkrisen oder politischen Krisen – besser standhalten zu können, müssen wir Systeme aufbauen, die in der Lage sind, die Produktion so zu reduzieren, dass es nicht zum Verlust von Lebensgrundlagen oder Leben kommt.

Manche werden vielleicht protestieren: »Zeigt die Coronavirus-Krise nicht, welches Elend mit rückläufigem Wachstum einhergeht?« Wir laden die Skeptiker*innen ein, zunächst einmal dieses Buch zu lesen. Was während der Pandemie geschieht, ist nicht Degrowth. Ziel von Degrowth ist es, Abläufe bewusst zu verlangsamen, um den Schaden für Menschen und Ökosysteme möglichst gering zu halten. Die derzeitige Situation ist furchtbar, nicht weil die Kohlenstoffemissionen zurückgehen (was gut ist), sondern weil viele Menschen sterben; sie ist furchtbar, nicht weil das Bruttoinlandsprodukt sinkt (was uns gleichgültig ist), sondern weil es keine Verfahren gibt, um Lebensgrundlagen zu schützen, wenn das Wachstum ins Stocken gerät. Für uns sind Fürsorge und Gemeinschaftssolidarität wesentliche Grundsätze von Degrowth-Gesellschaften und Triebkräfte für eine gerechtere und nachhaltigere Entwicklung.

Wir möchten, dass Gesellschaften ihr Entwicklungstempo nicht aufgrund von Katastrophen, sondern geplant reduzieren. Diese Pandemie ist ein Beispiel für die Art von wachstumsbedingter Katastrophe, die wir in diesem Buch diagnostizieren. Die von uns vorgeschlagenen wirtschafts- und gesellschaftspolitischen Maßnahmen bieten Möglichkeiten, solche Situationen lebenswerter und gerechter zu gestalten. So können wir gestärkt aus der Krise hervorgehen und Praktiken und Politiken neu ausrichten, die derzeit den Boden für künftige Katastrophen bereiten.

Das Ende des Wachstums wird nicht notwendigerweise als reibungsloser Übergang verlaufen. Es kann sehr wohl ungeplant, ungewollt und chaotisch werden, geprägt von Bedingungen, die wir nicht gewählt haben. Bedingungen wie die, die wir jetzt erleben. Die historische Entwicklung verläuft oft über Brüche. Unsere Analyse zeigt, wie es nach Zeiten der Lähmung zum Erreichen eines Kipppunkts kommen kann: Unerwartete Ereignisse eröffnen neue Möglichkeiten, während andere Möglichkeiten gewaltsam ausgeschlossen werden. Die COVID-19-Pandemie ist ein solches Ereignis. Plötzlich nehmen die Dinge eine radikal neue Wendung, und das Undenkbare wird denkbar, im Guten wie im Schlechten. Schwere wirtschaftliche Depressionen führten zu Roosevelts New Deal und auch zu Hitlers Drittem Reich. Welche Möglichkeiten und Gefahren bestehen heute?

Inmitten dieser Pandemie vermitteln viele wissenschaftliche, politische und moralische Autoritäten die Botschaft, die Sorge um die Gesundheit und das Wohlergehen der Menschen müsse gegenüber dem Profit vorrangig sein, und das ist großartig. Ein Wiederaufleben der von uns befürworteten Ethik der Pflege zeigt sich in der Bereitschaft jüngerer Menschen, zu Hause zu bleiben, um ihre älteren Mitmenschen zu schützen, und im Pflichtbewusstsein und der Aufopferungsbereitschaft des Pflege- und Gesundheitspersonals. Natürlich bleiben viele auch deshalb zu Hause, weil sie sich vor dem Virus fürchten und sich Sorgen um ihre eigene Gesundheit machen oder polizeiliche Strafen vermeiden wollen.

Und viele Pflegekräfte gehen zur Arbeit, weil sie ihren Lebensunterhalt verdienen müssen. Wir argumentieren allerdings, dass kollektives Handeln gegen solche Krisen eine Kombination aus Opfern und Solidarität, Eigen- und Kollektivinteresse, staatlichen Eingriffen und dem Konsens der Bevölkerung über das richtige Handeln erfordert.

Tiefgreifende Ungleichheiten kommen auf neue Weise zum Tragen. Während einige über den Luxus verfügen, sich zu Hause schützen zu können, müssen andere wählen zwischen Arbeitslosigkeit ohne ausreichendes Sicherheitsnetz und Exposition gegenüber dem Coronavirus in Pflege- und Versorgungsberufen. Da sich die Pandemie in den verschiedenen Teilen der Welt unterschiedlich auswirkt, werden wahrscheinlich einige mehr leiden als andere. Diese Ungerechtigkeiten gehen einher mit dem Bewusstsein, dass sich selbst die Wohlhabendsten nicht hundertprozentig vor einer Ansteckung schützen können, wenn nicht ganze Bevölkerungsgruppen geschützt werden.

Die Menschen haben sich in dieser Krise, wie auch in früheren Krisen, mobilisiert und selbst organisiert, wo Unternehmen und Regierungen es versäumt haben, für ihre Bedürfnisse zu sorgen. Dies zeigen Zusammenhänge der gegenseitigen Hilfe, die Lebensmittel und Medikamente für ältere Menschen ausliefern, aber auch Gruppen von Ärzt*innen, Ingenieur*innen und Hacker*innen, die zusammenarbeiten, um Bauteile für Sauerstoffbeatmungsgeräte im 3D-Druck herzustellen, oder auch Student*innen, die die Kinder von Ärzt*innen und Krankenpfleger*innen betreuen. Diese Verbreitung von Fürsorge und gemeinschaftlichem Engagement, die das Fundament der von uns angestrebten Degrowth-Gesellschaften bilden, ist angesichts der in der Pandemie gegebenen Ansteckungsgefahr umso lobenswerter. Wenn die Pandemie vorbei ist und der schwierige Weg des wirtschaftlichen Wiederaufbaus beginnt, wird diese wieder auflebende Dynamik des gemeinsamen Handelns und der Fürsorge von entscheidender Bedeutung sein.

Positive Impulse von Einzelpersonen und Graswurzelnetzwerken sind notwendig, aber nicht ausreichend für einen nachhaltigen Wandel. Wir brauchen Staaten, die Sicherheit und Gesundheitsversorgung gewährleisten, die Umwelt schützen und wirtschaftliche Sicherheitsnetze bereitstellen. Die politischen Maßnahmen, für die wir in diesem Buch eintreten, waren schon vor der Pandemie notwendig und sind auch während und nach der Pandemie unverzichtbar: ein »Green New Deal« und ein öffentliches Investitionsprogramm, Arbeitsteilung, ein Grundeinkommen, universelle öffentliche Dienstleistungen und die Unterstützung der kommunalen Wirtschaft. Das Gleiche gilt für die Neuordnung der öffentlichen Finanzen durch Maßnahmen wie CO_2-Abgaben und die Besteuerung von Vermögen, hohen Einkommen, der Nutzung natürlicher Ressourcen und von Umweltverschmutzung. Während sich unser Buch auf die Demobilisierung ressourcenintensiver und ökologisch schädlicher Aspekte der gegenwärtigen Wirtschaft konzentriert, geht es bei der Reaktion auf die Pandemie um die Demobilisierung derjenigen Aspekte, die für die Erhaltung des Lebens nicht unmittelbar erforderlich sind. Wir stehen vor der grundlegenden Herausforderung, politische Ökonomien ohne Wachstum zu verwalten, und zwar sowohl während als auch nach der Pandemie: Wie können Teile der kapitalistischen Wirtschaft demobilisiert und gleichzeitig die Versorgung mit grundlegenden Gütern und Dienstleistungen sichergestellt werden? Wie lässt sich mit ressourcenschonenden Formen des Vergnügens experimentieren und ein positiver Lebensinhalt entdecken?

Über das gesamte politische Spektrum hinweg werden bereits radikale Vorschläge in Erwägung gezogen und selektiv angenommen, da sie inmitten der Pandemie greifbare Lösungen bieten. Unternehmen und Regierungen haben die Arbeitszeit verkürzt und eine neue Arbeitsteilung eingeführt; verschiedene Formen des Grundeinkommens werden diskutiert; finanzielle Maßnahmen sind ergriffen worden, um Arbeitnehmer*innen während der Quarantänezeit und nach der Schließung von Unternehmen zu unterstützen; es ist eine internationale Kampagne für ein Pflegeeinkommen lanciert worden; Regierungen haben den Produktionsapparat aktiviert, um lebenswichtige Lieferungen und Dienstleistungen zu sichern; Moratorien auf Mieten, Hypotheken und Schulden werden in Betracht gezogen und auch bereits verhängt. Es setzt sich immer mehr die Erkenntnis durch, dass umfangreiche staatliche Ausgaben erforderlich sein werden.

Unser Buch zeigt Wege auf, wie wir unsere Wirtschaften so umbauen können, dass wir die sich abzeichnenden Krisen mildern, einschließlich jener Vielzahl von Bedrohungen, die mit dem Klimawandel einhergehen. Dieses Ziel lässt sich nicht durch die Subventionierung von fossilen Brennstoffunternehmen, Fluggesellschaften, Kreuzfahrtschiffen und Tourismus-Megaunternehmen erreichen. Stattdessen müssen die Staaten Green New Deals (GNDs) finanzieren und ihre Gesundheits- und Pflegeinfrastrukturen wieder aufbauen, um im Zuge eines gerechten Übergangs zu einer weniger umweltschädlichen Wirtschaft Arbeitsplätze zu schaffen. Bei sinkenden Ölpreisen sollten fossile Brennstoffe stark besteuert werden, um Mittel zur Förderung grüner und sozialer Investitionen zu beschaffen, aber auch um Steuererleichterungen und die Auszahlung von Dividenden an die arbeitende Bevölkerung zu ermöglichen. Statt der Verwendung öffentlicher Gelder für die Rettung von Unternehmen und Banken fordern wir die Einführung von Grundeinkommen, die den Menschen und Gemeinschaften helfen, ihr Leben und ihre Existenzgrundlage wieder aufzubauen.

Die Welt wird sich nach dem Virus verändern, und es wird zu Auseinandersetzungen darüber kommen, welche Wege eingeschlagen werden sollen. Die Menschen werden dafür kämpfen müssen, dass der Wandel zu gerechteren und widerstandsfähigeren Gesellschaften führt, die sanftere Auswirkungen auf die Menschen und die natürliche Umwelt haben. Mächtige Akteur*innen werden versuchen, den Status quo wiederherzustellen und die Kosten auf die weniger Mächtigen abzuwälzen. Es bedarf der Organisation von Bündnissen und günstiger Umstände, um sicherzustellen, dass nicht die Umwelt und die Arbeiter*innen die Rechnung zahlen, sondern diejenigen, die am meisten von dem Wachstum profitiert haben, das dieser Katastrophe vorausging.

Diese Krise birgt wohl mehr Gefahren als Möglichkeiten. Wir machen uns Sorgen über die Politik der Angst, die die Coronavirus-Pandemie hervorruft, über die Intensivierung der Überwachung und Kontrolle der Mobilität, über Fremdenfeindlichkeit und Schuldzuweisungen sowie über die Isolation in den eigenen vier Wänden, die das Zusammenleben und die politische Organisierung einschränkt. Sobald Maßnahmen wie Ausgangssperren,

Quarantänen, Verordnungen, Grenzkontrollen oder die Vertagung von Wahlen ergriffen werden, können sie Teil des politischen Arsenals werden und dystopische Horizonte eröffnen.

Um diesen Risiken entgegenzuwirken, motiviert und leitet uns dieses Buch dazu an, unsere Gesellschaften auf der Grundlage von gegenseitiger Hilfe und Fürsorge neu zu konstituieren und das kollektive Streben fort vom Wachstum und hin zu Wohlstand und Gerechtigkeit zu lenken. Dies sind nicht nur hehre Ziele; wir zeigen alltägliche Praktiken und konkrete Maßnahmen auf, mit denen wir die Welt, die wir uns heute wünschen, aufbauen können, sowie politische Strategien, die die Synergien zwischen diesen Bemühungen beim Aufbau gerechter und umweltfreundlicher Gesellschaften unterstützen.

Als wir dieses Buch schrieben, wussten wir, dass es nicht leicht sein würde, unsere Leser*innen vom Degrowth-Konzept zu überzeugen. Unsere Aufgabe ist jetzt vielleicht etwas einfacher geworden, da es derart greifbare Beweise dafür gibt, dass das derzeitige System unter seinem eigenen Gewicht zusammenbricht. Angesichts der zweiten großen Weltwirtschaftskrise innerhalb von zwölf Jahren sind einige von uns vielleicht eher bereit zu hinterfragen, ob es sinnvoll ist, immer mehr zu produzieren und zu konsumieren, nur um das System am Laufen zu halten. Die Zeit ist reif, um sich wieder auf das zu konzentrieren, was wirklich zählt: nicht das Bruttoinlandsprodukt, sondern die Gesundheit und das Wohlbefinden unserer Menschen und unseres Planeten.

Mit einem Wort: Degrowth.

Danksagung

Seit Jahren schreiben wir vier über die negativen Auswirkungen und die katastrophale Zukunft des Wirtschaftswachstums und drängen gleichzeitig darauf, weniger verhängnisvolle Horizonte anzusteuern. Dies ist das erste Buch, das wir alternativen Wegen in die Zukunft widmen. Ein organisierter Übergang zu Degrowth wird politisch schwierig sein, doch wir glauben, dass er möglich ist und dass es an sich gut ist, für diesen Übergang zu leben und zu arbeiten.

Das Schreiben dieses Buches ist ein Akt der Fürsorge: Fürsorge für Familie, Freund*innen und Mitbürger*innen, die sich bemühen, angesichts der historischen Herausforderungen einen Beitrag zu leisten und einen Sinn zu finden. Fürsorge für Menschen und Orte auf der ganzen Welt, die darum kämpfen, die Belastungen und Schäden, die das Wachstum verursacht, zu überleben. Und Sorge füreinander, als Arbeitszusammenhang und Mitautor*innen.

Wie bei jedem Akt der Fürsorge sind wir auch bei der Konzeption und Niederschrift dieses Buches an die Grenzen und Schwachstellen unserer individuellen Hintergründe gestoßen: Klasse, Geschlecht, Fachgebiet, Kultur und anderes haben dabei eine Rolle gespielt. Gemeinsam haben wir auf ein neues Verständnis und eine neue Akzeptanz hingearbeitet. In der Überzeugung, dass sinnvolle und lohnende Reisen selten die einfachsten sind, hoffen wir, dass dieses Buch Leser*innen unterschiedlichen Hintergrunds auf ihren eigenen herausfordernden Wegen motiviert und ermutigt.

Giorgos Kallis ist ICREA-Professor an der ICTA-UAB, wo er Umweltökonomie und politische Ökologie lehrt. Er hat untersucht, wie Wasser eingesetzt worden ist, um das Wachstum der Städte anzukurbeln, und hat in den letzten Jahren gegen den Stumpfsinn »grünen Wachstums« argumentiert. In seinem zuletzt erschienen Buch verteidigt Giorgos den Begriff der Grenzen.

Susan Paulson forscht und lehrt an der Universität Florida über die Interaktion von Geschlecht, Klasse und ethnischer Zugehörigkeit mit Körper und Umwelt. Sie hat dreißig Jahre lang in Lateinamerika geforscht und gelehrt, davon fünfzehn Jahre in Südamerika, wo sie in einkommensschwachen, ökologisch unbedenklich wirtschaftenden Gemeinden lebte. Zurzeit untersucht Susan den Wandel der Männlichkeit bei Männern, die in der Rohstoffindustrie schmerzhafte und gefährliche Arbeit verrichten.

Giacomo D'Alisa arbeitet an der CES-UC in Coimbra, Portugal, wo er über Gemeingüter und Allmenden forscht und die Ansicht vertritt, dass eine Gesellschaft, die ohne Wachstum gedeiht, auf Gemeingütern basieren muss. Giacomo hat über Abfallkonflikte in seiner Heimat Kampanien sowie über politische Strategien für Degrowth geschrieben und warnt vor »Notstands«-Diskursen.

Federico Demaria ist Dozent für ökologische Ökonomie und politische Ökologie an der Universität Barcelona und gehört zum Team des Environmental Justice Atlas, das Umweltkonflikte und Ungerechtigkeiten auf der ganzen Welt untersucht und kartiert. Federico hat mit Müllsammler*innen in Delhi gelebt und gearbeitet und untersucht, wie das Umweltbewusstsein der Armen eine Vielzahl von Alternativen zur klassisch verstandenen wirtschaftlichen »Entwicklung« aufzeigen kann.

Bei der gemeinsamen Vorbereitung dieses Buches hat jede*r von uns theoretische Perspektiven, Inhalte und Kritiken beigetragen. Giorgos war federführend bei der Zusammenführung dieser Beiträge, bei der Konzeption des Buches, bei der Darlegung der Argumente und beim Verfassen der ersten Kapitelentwürfe. Der vorliegende Text ist jedoch das Ergebnis von Susans Arbeit, die jeden Abschnitt geschrieben und umgeschrieben hat. Durch ihre Sprache, ihre Herangehensweise und ihre an anthropologischer Praxis geschulte Aufmerksamkeit für historische, kulturelle und geografische Kontexte unterscheidet sich unser Buch von früheren Veröffentlichungen über Degrowth, in denen ökonomische oder ökologische Argumente vorherrschen.

Giacomos Lebens- und Politikphilosophie ist verantwortlich für die Verankerung unserer Argumentation in den Gemeingütern und für die politische Strategie, die unser Plädoyer durchzieht: eine Strategie des allmählichen Aufbaus eines Common Sense oder gemeinsamen Alltagsverstands durch tiefgreifende kulturelle

Veränderungen, die es zu verkörpern und zu praktizieren gilt. Federico brachte Erfahrungen aus dem Dialog mit verbündeten Bewegungen ein und führte in Barcelona Untersuchungen durch, die unsere Argumente illustrieren.

Es ist nicht einfach, sich zwischen den vier intellektuellen und praktischen Werdegängen zurechtzufinden. Wir haben heftig darüber debattiert, wie wir eine Vielzahl von Positionen und Wegen würdigen, miteinander in Verbindung bringen, aber auch kritisieren oder sogar verurteilen können. Unsere konstruktiven Kämpfe könnten ein Vorbote für umfassendere Debatten und Spannungen sein, die wir bei den Leser*innen anregen wollen.

Die Auffassungen, die in diesem Buch zum Ausdruck kommen, haben sich durch die Zusammenarbeit mit wechselseitig verschränkten Netzwerken von Wissenschaftler*innen und Aktivist*innen entwickelt, darunter Kolleg*innen und Student*innen am ICTA-UAB, Research & Degrowth, dem Center for Latin American Studies an der Universität Florida, der Gruppe Ecology and Society am CES und den Netzwerken Entitle und Political Ecology sowie den Teilnehmer*innen der internationalen Degrowth-Konferenzen und Sommerschulen.

Wir möchten auch frühere und zukünftige Kritiker*innen von Degrowth würdigen. Wir sind all jenen dankbar, denen unsere Angelegenheit wichtig genug ist, um schwierige Fragen aufzuwerfen und Kritik zu äußern, dadurch eine kontinuierliche Klärung und Anpassung unserer Auffassungen und Vorschläge anstoßend.

Wir danken unseren Herausgeberinnen Louise Knight und Inès Boxman, die dieses Buchprojekt von Anfang an begleitet und uns – gemeinsam mit anonymen Gutachter*innen – wertvolle Einblicke gewährt haben. Unser Dank gilt auch William Boose und Juanita Duque, die uns bei der Erstellung der Bibliografie und der Überarbeitung unserer Entwürfe geholfen haben.

Wir bedanken uns für die Unterstützung durch die spanische Regierung (COSMOS- und María-de-Maeztu-Stipendien – Kallis; CSO2017-88212-R), den Europäischen Forschungsrat (EnvJustice-Projekt – Demaria; GA695446) und die Portugiesische Stiftung für Wissenschaft und Technologie (1202105268 D'Alisa; UID/SOC/50012/2019). Als Ko-Autor*innen übernehmen wir die Verantwortung für alle Lücken, Fehler und Ungereimtheiten in diesem Buch, in der Hoffnung, dass unsere Defizite künftige Bemühungen anregen werden. Wir bieten das Buch als eine Einladung an, Strategien für eine sozial-ökologische Transformation zu erforschen, beginnend mit Wegen des Sehens, des Seins und der Interaktion. Und wir laden unsere Leser*innen ein, sich zu engagieren, mehr zu lernen und zur Diskussion beizutragen.

Ein Plädoyer für Degrowth

Unser Plädoyer für Degrowth ist ein Plädoyer dafür, das Streben nach Wachstum zu beenden und das Leben und die Gesellschaft auf Wohlergehen auszurichten. Dieses Buch regt dazu an, ein gutes Leben für alle zu schaffen, und zeigt, wie die vorhandenen Ressourcen anders verteilt und investiert werden können, um ein gutes Leben mit weniger Geld, weniger Ausbeutung und weniger Umweltzerstörung zu sichern. Unsere Leser*innen werden bereits mit den Umweltschäden und den in diesem Buch vorgestellten Formen der Ungleichheit und Ausbeutung vertraut sein. Was unser Plädoyer auszeichnet, ist, dass wir diese beunruhigenden Phänomene mit dem Wachstumszwang der modernen Ökonomien in Verbindung bringen und argumentieren, dass deren Überwindung eine Abkehr vom unerbittlichen Streben nach mehr bedeutet.

Weder die Ausbeutung von Menschen und Naturressourcen noch die Erzeugung von Emissionen und anderen Abfallprodukten kann weiter zunehmen, ohne dass sich die planetarischen Krisen verschärfen. In Europa und Nordamerika, von wo aus wir schreiben, ist die Aufrechterhaltung des Wachstums wirtschaftlich nicht mehr vertretbar: Seine sozialen, ökologischen und persönlichen Kosten übersteigen seinen Nutzen. Dieser Zustand wird durch Mechanismen verschleiert, die soziale und ökologische Kosten verbergen, indem sie diese buchhalterisch ignorieren und Schäden auf andere Orte und Menschen, einschließlich zukünftiger Generationen, verlagern.

Bezüglich der Evidenz bestehen keine Zweifel. Die schädlichen ökologischen und sozialen Folgen des Wachstums sind im letzten halben Jahrhundert genauestens dokumentiert worden.[1] Dennoch nimmt die Menge an Materie und Energie, die von der Wirtschaft

1 D. H. Meadows, D. L. Meadows, J. Randers u. W. Behrens III, *The Limits to Growth*, New York 1972; E. J. Mishan, *The Costs of Economic Growth*, London 1967.

verbraucht wird, weiterhin minütlich zu, während Regierungen und Unternehmen weiterhin das fördern, was Greta Thunberg in ihrer Rede auf dem UN-Klimaaktionsgipfel 2019 als »Märchen vom ewigen Wirtschaftswachstum« bezeichnet hat.

Was verzögert den Kurswechsel? Sicherlich setzen privilegierte Akteure ausgeklügelte Mittel ein, um Wachstumssysteme aufrechtzuerhalten, in denen sie unverhältnismäßig große Vorteile genießen und nur wenige Lasten und Risiken tragen. Doch selbst wenn Elon Musk das reichste Prozent der Menschheit auf den Mars fliegen würde, würde der Drang nach Wachstum an vielen – wenn auch nicht allen – Orten und in vielen Menschen fortbestehen, darunter auch einige derjenigen, die von den Wachstumswirtschaften am meisten ausgebeutet und geschädigt werden. Die Fähigkeit, den Kurs zu ändern, wird durch bestimmte Arten des Wissens und des Seins eingeschränkt, die mit der Expansion kolonialer, kapitalistischer und fossiler Ökonomien zusammenhängen.

Die Globalisierung dieser Ökonomien hat kulturelle, biologische, sprachliche, technologische, verwandtschaftliche, religiöse und andere Formen der Vielfalt verdrängt, die sich im Zuge der Geschichte als grundlegend für die menschliche Anpassungs- und Widerstandsfähigkeit erwiesen haben. Weltanschauungen und soziale Systeme, die sich historisch im Gleichschritt mit dem Wachstum entwickelt haben, haben sich weltweit ausgebreitet und gegenüber anderen Weltanschauungen und Systemen durchgesetzt. Verschiedene Gruppen kämpfen darum, andere Lebensweisen aufrechtzuerhalten oder zu entwickeln. Für uns in den kapitalistischen Zentren kann es schwierig sein, sich Alternativen vorzustellen.

Viele engagierte Menschen reagieren auf die heutigen Krisen nicht, indem sie das Wachstum infrage stellen, sondern indem sie vorschlagen, es grün und partizipativ zu gestalten. Anstatt es zu verlangsamen, haben Konservative und Progressive gleichermaßen darauf gedrängt, den Kuchen zu vergrößern, um grüne Technologien und soziale Leistungen zu finanzieren. Politiker*innen aus dem gesamten Spektrum haben das Wachstum subventioniert, um Rezessionen zu vermeiden und, zumindest dem Anspruch nach, diejenigen zu schützen, die am stärksten von wirtschaftlichen Abschwüngen betroffen sind.

Mitte des 20. Jahrhunderts entsprach der wachsende Kuchen einer wachsenden Mittelschicht und einer gesteigerten Einkommensgleichheit in zahlreichen Ländern. Seit den 1980er Jahren ist das phänomenale Wachstum der nationalen und globalen Einkommen jedoch mit einer zunehmend ungleichen Verteilung von Wohlstand und Einkommen innerhalb und zwischen den Ländern verbunden.[2] Trotz eines BIP-Wachstums von mehr als zehn Jahren in Folge ist die Kluft zwischen den reichsten und den ärmsten Haushalten in den USA so groß wie seit fünfzig Jahren nicht mehr.[3] Im gleichen Zeitraum sind durch das Wachstum der Einkommen verursachte Umweltschäden unverhältnismäßig stark denen zur Last gefallen, die ohnehin schon arm oder marginalisiert waren, darunter Millionen, die zu Klimaflüchtlingen geworden sind. Das Wachstum hat auch die Ungleichheit zwischen den Generationen gesteigert, indem es die Zukunft mit einem Erbe aus Schulden, Schäden und Instabilität kolonisiert hat.

Yannis Varoufakis plädiert für ein qualitativ anderes Wachstum: »Wir müssen«, schreibt er, »das Wachstum von ›Dingen‹ beenden, die den Planeten und die Lebensperspektiven der Menschen zerstören (Dieselautos, giftige Landwirtschaft, waldzerstörende Viehzucht, giftige Finanzen) und das Wachstum von ›Dingen‹ fördern, die die Menschheit braucht (grüne Energie, Pflege, Bildung, nachhaltiger Wohnungsbau).«[4] Das ist sicherlich richtig. In diesem Buch werden jedoch Zweifel geäußert, ob das Wachstum aufrechterhalten werden kann, wenn nur gute Dinge produziert werden, und ob eine solche Umstellung tatsächlich die Umweltschäden verringern würde. Um gute Dinge herzustellen, muss man weiterhin auch schlechte Dinge produzieren. Die Herstellung von Solarmodulen erfordert beispielsweise den Abbau seltener Mineralien, wodurch Berge zerstört und Flüsse verschmutzt werden; der Transport von Materialien und Modulen mit Schiffen und Last-

2 »Global Inequality«, https://inequality.org/facts/ global-inequality.

3 United States Census Bureau, American Community Survey (ACS), »2018 Data Release New and Notable«, 2019, https://www.census.gov/programs-surveys/acs/news/data-releases/2018/release.html.

4 Y. Varoufakis, Twitter-Post, 2018, https://twitter.com/yanisvaroufakis/status/1042351984559513600.

wagen erzeugt Emissionen; der Bau von Straßen, Häfen und Fabriken zerstört Landschaften. Bei den derzeitigen Wachstumsraten von drei Prozent pro Jahr wird die Weltwirtschaft bis zum Ende dieses Jahrhunderts um das Elffache anwachsen; selbst bei weitreichenden Umstellungen hin zu einer umweltfreundlicheren Produktion hätten wir es dann immer noch mit einer Vervielfachung der Umweltauswirkungen zu tun.

Die Degrowth-Bewegung argumentiert, dass wir anders produzieren und konsumieren müssen, außerdem weniger. Dass wir mehr teilen und gerechter verteilen müssen, während der Kuchen schrumpft. Um dies auf eine Weise zu tun, die ein angenehmes und sinnvolles Leben in widerstandsfähigen Gesellschaften und Umgebungen ermöglicht, benötigen wir Werte und Institutionen, die andere Arten von Menschen und Beziehungen hervorbringen.

Zweck

Zweck dieses Buches ist es, Bürger*innen, politische Entscheidungsträger*innen und Aktivist*innen zu motivieren und zu befähigen, ihren Lebensunterhalt und ihre Politik auf ein gerechtes Wohlergehen auszurichten. Wir wollen zum Nachdenken und Handeln anregen, um solche Welten zu schaffen – nicht nur, indem wir neue Theorien aufstellen und uns andere Wege ausmalen, sondern auch, indem wir gangbare Strategien entwickeln, um im Hier und Jetzt voranzukommen. Die Menschen arbeiten auf vielfältige Weise daran, entsprechende Entwicklungen voranzutreiben, vom Experimentieren mit Alltagspraktiken und gemeinschaftlichen Lebensformen bis hin zur Entwicklung alternativer Lebensmittel- und Geldsysteme. Dieses Buch stellt die Möglichkeiten für Synergien zwischen den laufenden Veränderungen in Institutionen, Technologien, Beziehungen, der (Re-)Produktion von Lebenswelten und anderen Bereichen in den Vordergrund.

Koevolutionäre Veränderungen entstehen durch die Dynamiken innerhalb bestimmter Bereiche und durch Wechselwirkungen zwischen ihnen. Zu einem bestimmten Zeitpunkt können bestimmte Merkmale unveränderlich erscheinen und mit anderen in einem ebenso unveränderlich erscheinenden System verschränkt sein. Transformationspotenzial kann jedoch durch störende, oft unvorhersehbare Ereignisse sowie durch die positive Anerkennung bereits vorhandener Vielfalt, zusammen mit Anpassung, Innovation und unbeabsichtigten Mutationen, freigesetzt werden. Dies bedeutet, dass die Interaktion zwischen dominanten und nichtdominanten Praktiken und Visionen, institutionalisierten und basisorientierten Prozessen, langjährigen Traditionen und neuen Experimenten beachtet und unterstützt werden muss.

Die Welt steht an der Schwelle zu radikalen Umwälzungen, die so gewaltig sind wie jene, die das frühneuzeitliche Europa mit der Entstehung des Industriekapitalismus erlebte, und so tiefgreifend wie jene, die verschiedene Akteur*innen und Lebensweisen durchgemacht haben, die im 20. Jahrhundert als »Dritte Welt« neu erfunden wurden. Der Verfall der Ökosysteme und Erdsysteme ist für viele Menschen jetzt bereits eine Katastrophe. Krankheiten und Pandemien stören die Wirtschaft und das tägliche Leben. Die Kumulierung der Auswirkungen wird zweifellos zu schwerwiegenderen Störungen für mehr Menschen an mehr Orten führen und die Wirtschaft weiter destabilisieren. Die politischen Antworten auf diese Herausforderungen nehmen verschiedene Formen an: Neo-Extraktivismus (Ausweitung der mineralgewinnenden Industrien bei gleichzeitiger Beschränkung der Ausfuhr von Gewinnen, um Sozialprogramme zu finanzieren), autoritärer Nationalismus (Wachstum um jeden Preis mit Sozialprogrammen für einheimische Bürger*innen, unter Ausschluss von Einwanderer*innen), neoliberale Sparmaßnahmen (Kürzungen bei den Vielen, um den Reichtum der Wenigen zu erhalten) oder autoritäre Sparmaßnahmen (Kürzungen bei den Vielen, um Rüstung und Polizei zur Bekämpfung von Unruhen zu finanzieren). *Gegen Wachstum!* lädt dazu ein, auf diesen sich abzeichnenden historischen Wandel anders zu reagieren, und zwar mit politischen Maßnahmen und Aktionen, die ein bescheidenes, solidarisches Leben in gemeinsamem Überfluss befördern.

Der Rest dieses Kapitels stellt Ideen vor, die für unser Plädoyer entscheidend sind. Kapitel 2 befasst sich mit den steigenden Kosten des Wachstums, und Kapitel 3 zeigt, wie Menschen heute bereits ein Leben führen und Beziehungen und Institutionen (neu) schaffen, die nicht auf eine wachstumsorientierte Zukunft ausgerichtet sind. In den Kapiteln 4 und 5 werden politische Strategien skizziert, mit denen Regierungen und Zivilgesellschaften die Bedingungen schaffen können, um Initiativen auf verschiedenen Ebenen und in zahlreichen Bereichen zu unterstützen und zu stärken und dadurch eine synergetische Koevolution fort vom Wachstum zu fördern.

Materielles und wirtschaftliches Wachstum

In diesem Buch wird die Zunahme der Marktaktivität und des Materialverbrauchs der Wirtschaft von anderen Arten des Wachstums unterschieden. »Materielles Wachstum« bezieht sich auf die Steigerung der Menge an Materie und Energie, die von menschlichen Gesellschaften umgewandelt wird (z. B. gefällte Bäume, verbrannte Kohle, verzehrte Pflanzen und Tiere). Forscher messen die umgewandelten Materialien mit Methoden wie der Analyse von Materialflüssen und ökologischen Fußabdrücken und bringen die jüngste Beschleunigung des materiellen Wachstums mit dem Klimawandel, der Versauerung der Ozeane, dem Verlust der biologischen Vielfalt, dem Rückgang des Süßwassers und anderen Krisen in Verbindung.[5]

Planetenforscher*innen sind sich einig, dass das materielle Wachstum gebremst werden muss, um diese unerwünschten Auswirkungen abzumildern.[6] Den Expert*innen schließen sich Millionen anderer Menschen an, die sich ebenfalls gegen eine weitere wirtschaftliche Expansion wehren, da diese ihr Leben und ihre Welt durch Abholzung, Wüstenbildung, Erosion, Wasser- und Luftverschmutzung, Austrocknung von Flüssen und Quellen, Dezimierung der Wild- und Fischbestände sowie vieles mehr unterminiert. Dazu zählen Gemeinden, die sich durch schmelzende Gletscher bedroht sehen (Peru), durch den steigenden Meeres-

5 W. Steffen u. a., »Planetary Boundaries: Guiding Human Development on a Changing Planet« *Science,* 347 (2015), 6223, 1259855–1–10.

6 Siehe W. J. Ripple, C. Wolf, T. M. Newsome, M. Galetti, M. Alamgir, E. Crist, M. I. Mahmoud, W. F. Laurance u. 15.364 mitunterzeichnende Wissenschaftler*innen aus 184 Ländern, »World Scientists' Warning to Humanity: A Second Notice«, *BioScience* 67 (2017), 12, S. 1026–1028.

spiegel (die Malediven),[7] durch Bleivergiftung und Wasserkrisen (Flint, Michigan)[8] oder durch erhöhte Krebsraten (der als *cancer alley* bekannte Landstrich in Louisiana).[9]

In diesem Buch meint der Begriff »Wirtschaftswachstum« jenen Anstieg des Geldwerts der auf einem bestimmten Markt ausgetauschten Waren und Dienstleistungen, der in jedem Land als Bruttoinlandsprodukt (BIP) berechnet wird. Im Gegensatz zum weit verbreiteten Konsens, dass materielles Wachstum umweltschädlich sei, wird Wirtschaftswachstum weithin als nützlich und notwendig angesehen. Auf der ganzen Welt verwenden Wissenschaftler*innen, Politiker*innen und Entwicklungsexpert*innen das BIP-Wachstum als Indiz und Mittel aller möglichen wünschenswerten Veränderungen, obwohl statistische Analysen zeigen, dass eine ausgeprägtere wirtschaftliche Gleichheit viel besser als ein höheres BIP mit den angestrebten Ergebnissen korreliert, einschließlich höherer Raten von Langlebigkeit, Alphabetisierung, Gleichheit, Sicherheit, politischer Partizipation, geistiger Gesundheit und Glück beziehungsweise niedrigeren Raten von Inhaftierung, Ohnmacht, Mord und Selbstmord.[10]

Kapitel 2 fordert unsere Leser*innen auf, einige der vermeintlichen Vorteile des Wachstums zu hinterfragen und seine unerwünschten Folgen anzuerkennen. Es zeigt, wie das Wirtschaftswachstum weiterhin von sozialen und geografischen Ungleichheiten abhängt, die einen ungleichen Tausch von Materialien und Energie ermöglichen. Das Kapitel zeigt auch, dass Wirtschaftswachstum untrennbar mit schädlichem materiellen Wachstum verwoben ist und es aller Wahrscheinlichkeit nach auch bleiben wird. Obwohl

7 E. Hirsch, »The Unit of Resilience: Unbeckoned Degrowth and the Politics of (Post)development in Peru and the Maldives«, *Journal of Political Ecology*, 24 (2017), S. 462–475.

8 L. Berg, »Clean Water and the Environmental Justice Movement«, *Shared Justice* (2019), http://www. sharedjustice.org/domestic-justice/2019/6/12/clean- water-and-the-environmental-justice-movement.

9 ESRI ArcGIS Storymaps, »Louisiana Cancer Alley«, ArcGIS, http://www.arcgis.com/apps/MapJournal/ index.html?appid=ffeea5ac225040a380aa11b25e786a68.

10 R. Wilkinson u. K. Pickett, *The Spirit Level: Why More Equal Societies Almost Always Do Better*, New York 2011.

bestimmte Produktionsprozesse sauberer und ressourceneffizienter geworden sind, ist das landesweite und globale Wirtschaftswachstum nach wie vor mit einem wachsenden ökologischen Fußabdruck verbunden. Eine kürzlich erschienene umfassende Studie gelangt zu dem Schluss: »Es gibt nicht nur keine empirischen Belege für eine Entkopplung des Wirtschaftswachstums von den Umweltbelastungen, die auch nur annähernd das Ausmaß erreicht, das notwendig wäre, um den Zusammenbruch der Umwelt zu bewältigen, sondern – und das ist vielleicht noch wichtiger – eine solche Entkopplung ist auch in Zukunft nicht zu erwarten.«[11]

Rhythmen des Wachstums

Wir unterscheiden drei Wachstumsrhythmen: zyklisches, kontinuierliches und kumuliertes oder zusammengesetztes Wachstum. Biologisches Wachstum ist zyklisch. Samen wachsen zu Bäumen heran, menschliche Kinder zu Erwachsenen. Irgendwann hört jeder Organismus auf zu wachsen; er stirbt und zerfällt, während neue Organismen zu wachsen beginnen. Die Lebenszyklen einzelner Organismen sind integraler Bestandteil umfassenderer Systeme – Wälder, Familien, Städte –, in denen verschiedene Faktoren mit der Biologie interagieren, um unterschiedliche Verläufe von Ausdehnung und Verringerung zu gestalten. Es kommt auch zu ungewöhnlichem Wachstum: sich vermehrende Krebszellen erzeugen Tumore, invasive Pflanzen und Tiere verdrängen andere Pflanzen und Tiere, Viren vermehren sich in ihren Wirten, sodass sich die Anzahl der Viren alle paar Tage verdoppelt. Doch diese Ausbrüche treffen schließlich auf Bedingungen, die das Wachstum verlangsamen oder stoppen: Der Krebswirt stirbt, der veränderte Lebensraum wird unwirtlich, Populationen entwickeln Immunität.

Das offenkundige Axiom, dass nichts unbegrenzt wachsen kann, ist im 20. Jahrhundert außer Acht gelassen worden, da der Wunsch nach immerwährendem Wachstum zu einer treibenden Kraft wurde, sowohl in der Wirtschaftswissenschaft als auch

11 European Environment Bureau, *Decoupling Debunked – Evidence and Arguments Against Green Growth as a Sole Strategy for Sustainability*, Brüssel 2019.

in politischen Ideologien aller Couleur. Unternehmen, Banken, Wirtschaftswissenschaftler*innen und Regierungen entwickelten operative Strategien, die von ständig wachsenden Gewinnen und BIPs abhingen. Zyklen, in denen Kinder aufwuchsen, um ihre Eltern zu ersetzen, wurden zu Bahnen, in denen von jeder Generation erwartet wurde, dass sie mehr verdient und mehr konsumiert. Die Teilnehmer*innen an diesen Prozessen empfanden das ständige Wachstum als natürlich und richtig.

Und doch ist nichts am ewigen Wachstum natürlich. Bäume wachsen nicht endlos in den Himmel wie die Bohnenstange im Märchen, und aus menschlichen Embryonen werden keine Riesen. Einige menschliche Gemeinschaften sind zu Städten und Imperien herangewachsen und haben den Brutto- und Pro-Kopf-Verbrauch von Material und Energie gesteigert. Langfristig gesehen haben jedoch zyklische Steigerungen und Rückgänge ein Gleichgewicht unterbrochen, in dem der Gesamtstoffwechsel der menschlichen Gesellschaften auf der Erde während der ersten 99 Prozent der Menschheitsgeschichte nur wenig zunahm. Archäologische Aufzeichnungen zeigen, dass zahllose menschliche Gruppen über Jahrtausende hinweg in einem relativ konstanten Zustand überlebten. Selbst in der heutigen Zeit leben Gruppen von den Andamanen bis zu den !Kung San mit einem bemerkenswert niedrigen gesellschaftlichen Stoffwechsel.[12] Dennoch ist ständiges Wachstum für Bürger*innen, die durch Massenmedien, Museen und Geschichtsbücher sozialisiert worden sind, zum gesunden Menschenverstand geworden, der den Nervenkitzel außergewöhnlicher Expansion wie bei den römischen, Maya- oder Inka-Imperien beschwört, sich aber über den weitaus häufigeren Fall des Nullwachstums ausschweigt.

Im vergangenen Jahrhundert hat die Ära des Wachstums, die mit dem europäischen Kolonialismus begann, eine präzedenzlose Wendung genommen: Der Anstieg des globalen BIP, die Nutzung von Ressourcen und die Erzeugung von Abfällen und Emissionen

12 S. Singh u. W. Haas, »Aid, Metabolism, and Social Conflicts in the Nicobar Islands«, in: *Ecological Economics from the Ground Up*, New York 2012; J. Suzman, *Affluence without Abundance: The Disappearing World of the Bushmen*, New York 2017.

beschleunigten sich entsprechend Wachstumsraten, die als »kumuliert« oder »zusammengesetzt« bekannt sind. Die phantastischen Wachstumsraten des Zinseszinses bedürfen einer legendären Veranschaulichung. Als ein entzückter indischer König den Erfinder des Schachspiels fragte, welche Belohnung er wolle, verlangte der Erfinder eine bescheiden klingende Zahlung: ein Reiskorn auf dem ersten Feld des Schachbretts, zwei auf dem zweiten, vier auf dem dritten und so weiter. Auf das vierundsechzigste Feld hätte der König mehr als 18.000.000.000.000.000.000 (18 Milliarden Milliarden) Reiskörner setzen müssen.

Verschiedene Fassungen der Erzählung weichen voneinander ab, was den weiteren Verlauf angeht. Mal wird der Erfinder ein angesehener Berater des Königs, mal wird ihm der Kopf abgeschlagen. Heute könnte dieser legendäre Erfinder ein hochrangiger Wirtschaftswissenschaftler sein, der für ein jährliches Wachstum von drei Prozent wirbt, das die Wirtschaftsleistung alle vierundzwanzig Jahre verdoppelt, sie in achtundvierzig Jahren vervierfacht und in einem Jahrhundert versechzehnfacht. Die Ökonom*innen haben es heute jedoch nicht mit Reiskörnern zu tun, sondern mit einer Weltwirtschaft, die bereits 92 Milliarden Tonnen Material pro Jahr ausstößt.[13]

Der verblüffende Aufstieg des Wachstums hat paradoxe Reaktionen hervorgerufen. Viele Analyst*innen verkünden das Ende einer historischen Ära, da die Überschreitung der planetarischen Grenzen, die Erschöpfung der billigen Ressourcen und die damit einhergehenden Konflikte die Wachstumssysteme irreparabel destabilisieren. Im Gegensatz dazu hoffen viele eifrige Politiker*innen und Geschäftsleute auf eine Fortsetzung des Wachstums und planen auch entsprechend.

13 UN Environment International Resource Panel, »Global Material Flows Database«, UN Environment, http://www.resourcepanel.org/global-material-flows-database.

Common Sense

Ewiges Wachstum und Wachstum mit Zinseszins scheinen auf einem endlichen Planeten sinnlos zu sein, doch für viele Menschen sind sie einleuchtend. Unter Handelsvertreter*innen, die versuchen, jedes Jahr noch mehr zu verkaufen, unter Akademiker*innen, die versuchen, mehr Artikel zu veröffentlichen, unter Verbraucher*innen, die immer größere Fernsehgeräte kaufen, und unter Geschäftsinhaber*innen, die Expansionspläne schmieden, wird die Annahme, ein gutes Leben bedeute, mehr zu produzieren und mehr zu konsumieren, selten infrage gestellt.

»Common Sense« (Alltagsverstand) wird im Allgemeinen als Ausübung eines gesunden Urteilsvermögens definiert. Hier untersuchen wir die historische Ansammlung von Wissen, Werten und Annahmen, die durch Sozialisierung und Praxis dazu führen, dass bestimmte Urteile als vernünftig und andere als unvernünftig angesehen werden. Der Common Sense dient oft der Wahrung des Status quo, indem er das Gewohnte natürlich und logisch erscheinen lässt. Ideologien, die konventionelle Überzeugungen als selbstverständliche Wahrheiten darstellen, können es undenkbar (unethisch, unpatriotisch) erscheinen lassen, kritische Fragen zu stellen.

Ein Silberstreif am Horizont historischer Krisen ist ihr Potenzial, etablierte Wahrheiten infrage zu stellen und neue Möglichkeiten zu eröffnen. Unruhige Zeiten verändern oft die Art und Weise, wie wir auf koexistierende Bereiche des Common Sense zurückgreifen. Angesichts der aktuellen Herausforderungen können Entscheidungen zum Beispiel Spannungen zwischen dem auf dem Markt kultivierten Common Sense in Bezug auf individuelle Leistung, Rivalität und Vorherrschaft und dem konkurrierenden Common Sense in Bezug auf Bescheidenheit, Nächstenliebe und Mitgefühl, der seit langem in der christlichen Lehre verankert ist, zutage treten lassen, wie in *Laudato Si'*, der Enzyklika von Papst Franziskus über die Sorge für »unser gemeinsames Haus«, hervorgehoben wird.[14]

Wie können wir in diesen turbulenten Zeiten ein Licht auf die Risse werfen, die sich im Common Sense bezüglich des Wachstums

14 Papst Franziskus, *Laudato si'*, Vatikan 2015.

zeigen? Wie können wir Urteile infrage stellen, die das Streben nach ständigem Wachstum oder das Überbieten unserer Mitmenschen rechtfertigen?

Degrowth versucht, die weitverbreitete Überzeugung zu hinterfragen, das Wachstumsstreben werde von natürlichen Instinkten angetrieben. Starke kulturelle und wissenschaftliche Narrative stellen die Evolution als Triebfeder wirtschaftlicher Expansion dar: »Der Mensch ist genetisch darauf programmiert, immer mehr zu wollen.« »Wachstum entsteht auf natürliche Weise, wenn die Menschen frei sind, Dinge zu erfinden, die andere Menschen wollen.« »Wachstum aufzuhalten ist nicht nur tyrannisch, sondern auch gegen die menschliche Natur.« Diese allgemeinen Ansichten beruhen auf Mythen wie dem »egoistischen Gen«, das uns angeblich alle nach privater Kontrolle über Ressourcen streben lässt, oder der angeblich vorherbestimmten Tragödie eines jeden Versuchs, ein Gemeingut zu schaffen. Zu den Protagonist*innen anderer mächtiger Mythen gehören der von Natur aus rationale Homo oeconomicus, der stets den Nutzen und damit seinen eigenen individuellen Vorteil maximiert, und der fiktive, sich selbst regulierende Markt. Die Darstellung wachstumsfördernder Verhaltensweisen als angeboren und damit unanfechtbar lähmt den Impuls für Veränderungen. Wir können aber sehr wohl daran zweifeln, dass der natürliche Weg zum allgemeinen Wohlergehen in der rücksichtslosen Konkurrenz egoistischer, gieriger Individuen besteht!

Wie ist es dazu gekommen, dass *alle* durch persönliches »Vorankommen« glücklich werden sollen? Die Menschen messen ihren Erfolg daran, anderen voraus zu sein, und stellen das durch den auffälligen Konsum jener Güter zu Schau, die Ökonom*innen als »Positionsgüter« bezeichnen (je nach Kontext Markenkleidung, größere Häuser, exotische Reisen). Wirtschaftswachstum kann niemals alle Menschen mit Positionsgütern zufriedenstellen, denn der Wert solcher Güter ergibt sich aus ihrer begrenzten Verfügbarkeit. Wenn jede*r einen Ferrari besäße, wären die Autos symbolisch gleichbedeutend mit Motorrollern, was zu einer Nachfrage nach teureren Mitteln führen würde, sich von anderen abzusetzen. Am tragischsten ist, dass man, um voranzukommen, andere zurücklassen (oder zurückdrängen) muss. Das führt zu Ungleichheiten, die das Wohlergehen von Gesellschaften untergraben, wie die oben angeführten Belege zeigen.

Moralische Urteile, die das Streben, anderen voraus zu sein, bekräftigen, stehen im Widerspruch zu Urteilen, die gegenseitige Hilfe, Wechselseitigkeit und die Verwaltung gemeinsamer Ressourcen zum Wohle der Allgemeinheit befördern. Im Gegensatz zu »Gier ist natürlich« und »Mehr ist besser« ruft Degrowth dazu auf, die von dauerhaften kulturellen und religiösen Traditionen auf der ganzen Welt geförderten Gemeinplätze des Common Sense zu pflegen, darunter »Wer teilt, hat mehr« und »Genug ist genug«.

Commons und Commoning

Ein gutes Leben in einer nicht auf Wachstum ausgerichteten Zukunft wird andere Arten von Beziehungen zwischen den Menschen und mit der von ihnen gestalteten und bewohnten Umwelt erfordern. In Kapitel 3 werden vielversprechende Ansätze in Form von Gemeingütern untersucht: lebendige Systeme, in denen Gruppen von Menschen Ressourcen verwalten und gemeinsam nutzen. Commons haben die Form von Wäldern, Fischereien, städtischen Räumen, digitalen Werkzeugen, Wissen, Technologien, musikalischen Repertoires und vielem mehr. Commoning ist der Prozess, durch den Menschen gemeinsam Ressourcen schaffen, erhalten und nutzen – durch Kommunikation, Regulierung, gegenseitige Unterstützung, Konfliktverhandlung und Experimente.

Gegen die Bestrebungen zur Privatisierung und Kommerzialisierung von Ressourcen – von Land und Wasser bis hin zur Gesundheitsversorgung, kulturellem Wissen und öffentlichen Räumen – haben Bewegungen zur Rückgewinnung von Gemeingütern eine stärkere gemeinschaftliche Kontrolle verteidigt und gefordert. Das Praktizieren und Modellieren gemeinsamer Governance auf lokaler Ebene schafft Kapazitäten für umfassendere Herausforderungen, etwa die Verwaltung globaler Gemeingüter wie Luft und Wasser oder die Pflege einer bewohnbaren Erde.

Das Überleben der Menschheit hängt nicht nur vom materiellen Inhalt der Gemeingüter ab (Süßwasser, Fischpopulationen, fruchtbare Böden, digitale Werkzeuge, Gesundheit und Kinderbetreuung), sondern auch von den soziokulturellen Systemen, durch die die Menschen sich selbst und ihre Welt (re)produzieren und verwalten: Sprachen, Wissen, Religionen, Verwandtschaftsbeziehungen und andere Systeme. Der Homo sapiens überlebt nicht allein. Unsere einzigartige Stärke beruht auf unseren Fähigkeiten zum symbolischen Denken und zur Kommunikation, die es uns ermöglichen, diese gemeinsamen Systeme gemeinsam zu schaffen, zu erhalten und anzupassen.

Degrowth

Degrowth-Ideen und -Praktiken sollen den Lauf der Geschichte an zwei notwendig zusammenhängenden Fronten beeinflussen: Sie sollen das Wachstum des materiellen Verbrauchs und der Markttransaktionen stoppen und Institutionen, Beziehungen und Personen aufbauen, die ein gutes Leben ohne Wachstum ermöglichen. Degrowth fordert eine Entschleunigung, die so organisiert ist, dass der Schaden für andere Menschen und Nichtmenschen möglichst gering ausfällt. Degrowth will die Zeit und Energie der Menschen freisetzen, damit sie sich mit Geduld, Mitgefühl und Fürsorge, sowohl sich selbst als auch anderen gegenüber, auf die Lebensreise begeben können, anstatt verzweifelt immer mehr zu arbeiten und immer mehr zu kaufen, um dem Schmerz, der Traurigkeit und der Frustration zu entgehen, die die Sinnsuche angesichts der Verletzlichkeiten des Lebens mit sich bringt. Degrowth ist kein erzwungener Mangel, sondern das Bestreben, genug für alle zu sichern, um in Würde und ohne Angst zu leben, um Freundschaft, Liebe und Gesundheit zu erfahren, um Pflege zu geben und zu empfangen und um Freizeit und die Natur zu genießen.

Degrowth erhebt nicht den Anspruch auf eine einheitliche Theorie oder einen einheitlichen Aktionsplan. Ein bemerkenswert vielfältiges Netzwerk von Denker*innen und Akteur*innen experimentiert mit unterschiedlichen Initiativen und führt sinnvolle Debatten darüber, was Degrowth ist und welche Formen es in unterschiedlichen Kontexten annehmen kann oder sollte. Degrowth-Analysen zeigen die schädlichen Auswirkungen des Wachstums auf, während Degrowth-Ideale uns dazu aufrufen, produktivistische Ambitionen und konsumorientierte Identitäten durch Visionen eines guten Lebens zu ersetzen, das sich durch ein gedeihliches und geselliges Miteinander von Menschen und Ökosystemen auszeichnet.

Französische Theoretiker*innen begannen in den 1970er Jahren, über *décroissance* zu sprechen und zu publizieren. Zu Beginn des 21. Jahrhunderts löste die Idee politische Debatten aus und regte eine Reihe lokaler Initiativen an. Die wissenschaftliche Aufmerksamkeit hat zu Dutzenden von Büchern und Konferenzen über Degrowth sowie zu Hunderten von wissenschaftlichen Artikeln geführt.[15]

Obwohl der Begriff zuerst in Europa Fuß fasste, greift Degrowth auf bewährte und neu entstehende Traditionen in Südamerika (Buen Vivir), Indien (Swaraj) und Südafrika (Ubuntu) zurück, um nur einige zu nennen.[16] Überall auf der Welt haben sich Einzelpersonen und Gruppen gegen das Eindringen des Wachstumsdenkens in ihre Gebiete und ihr Leben gewehrt und darum gekämpft, alte Wege fort vom Wachstum zu erhalten sowie neue zu finden. Laufende Dialoge erkunden die Verbindungen und Widersprüche dieser Wege.[17]

Die Wechselwirkung zwischen zeitgenössischer Innovation und der Weisheit der Vorfahren zeigt sich beispielsweise in Bhutans Engagement für die Steigerung des Bruttonationalglücks (*gross national happiness*), das nicht wie das BIP auf Wachstum ausgerichtet ist, sondern auf die Erlangung von Sinn und Er-

15 Siehe M. Weiss u. C. Cattaneo, »Degrowth: Taking Stock and Reviewing an Emerging Academic Paradigm«, *Ecological Economics*, 137 (2017), S. 220–230.

16 A. Kothari, A. Salleh, A. Escobar, F. Demaria u. A. Acosta, *Pluriverse: A Post-Development Dictionary*, New York 2019; A. Kothari, F. Demaria u. A. Acosta, »Buen Vivir, Degrowth, and Ecological Swaraj: Alternatives to Sustainable Development and the Green Economy«, *Development*, 57 (2014), 3/4, S. 362–375.

17 C. Dengler u. L. Seebacher, »What About the Global South? Towards a Feminist Decolonial Degrowth Approach«, *Ecological Economics*, 157 (2019), S. 246–252; S. Paulson, »Pluriversal Learning: Pathways Toward a World of Many Worlds«, *Nordia Geographical Publications*, 47 (2019), 5, S. 85–109; B. Rodríguez-Labajosa, I. Yánez, P. Bond, L. Greyle, S. Munguti, G. Uyi Ojo u. W. Overbeek, »Not So Natural an Alliance? Degrowth and Environmental Justice Movements in the Global South«, *Ecological Economics*, 157 (2019), S. 175–184.

füllung im Einklang mit buddhistischen spirituellen Werten.[18] Parallel dazu werden die tausendjährigen christlichen Traditionen des einfachen Gemeinschaftslebens wiederbelebt. Die Kontexte reichen von neomönchischen Gemeinschaften junger Evangelikaler*innen, die den Konsum zugunsten eines kollektiven, dem spirituellen Wachstum gewidmeten Lebens ablehnen,[19] bis hin zu lateinamerikanischen Visionär*innen, die den Aufruf von Papst Franziskus aufgreifen, radikal zu einer integralen Ökologie überzugehen.[20]

Historische Transformationen

Warum haben wissenschaftliche Fakten und Argumente, die die negativen Auswirkungen des Wachstums aufzeigen, zu so wenig Veränderung geführt? Ein Grund liegt darin, dass wissenschaftliche Appelle an die Vernunft der Individuen die Macht soziokultureller Systeme unterschätzen. Solche Systeme wirken sich auf die Fähigkeit und Bereitschaft der Menschen aus, ihre Beteiligung an wachstumsorientierten Prozessen zu mäßigen. Strategien und Motivationen für einen Kurswechsel können gestärkt werden, wenn man versteht, wie die gegenwärtigen Denkgewohnheiten und Praktiken entstanden und vorherrschend geworden sind.

In seinem historiografischen Klassiker *The Great Transformation* (»Die große Transformation«) dokumentiert Karl Polanyi die Faktoren, die im Großbritannien des 17. Jahrhunderts die verwandtschaftlichen, religiösen, moralischen und Produktionssysteme in Richtung einer neuen, von Märkten und Geld beherrschten Welt umgestaltet haben.[21] Diese Prozesse führten unter anderem dazu, dass eine Klasse von Arbeiter*innen ent-

18 J. F. Gerber u. R. Rajeswari, »Post-Growth in the Global South? Some Reflections from India and Bhutan«, *Ecological Economics*, 150 (2018), S. 353–358; R. Verma, »Gross National Happiness: Meaning, Measure and Degrowth in a Living Development Alternative«, *Journal of Political Ecology*, 24 (2017), 1, S. 476–490.

19 A. Cox Hall, »Neo-Monastics in North Carolina, De-Growth and a Theology of Enough«, *Journal of Political Ecology*, 24 (2017), 1, S. 543–565.

20 A. Beling u. J. Vanhulst, *Desarrollo non sancto: La religion como actor emergente en el debate global sobre el futuro del planeta*, Mexico Stadt 2019.

21 K. Polanyi, *The Great Transformation*, Frankfurt am Main 1995.

stand, die dazu sozialisiert wurde, ihre Arbeitskraft zu verkaufen und Grundgüter zu kaufen. Angesichts der tausendjährigen Traditionen, in denen die meisten Menschen zur Reproduktion ihrer Familien und Gemeinschaften sozialisiert wurden, mussten die Menschen erst dazu gebracht werden, ihre Arbeitskraft zu verkaufen. Die Einhegung von Gemeingütern, die die Fähigkeit zur Erhaltung traditioneller Lebensgrundlagen untergrub, ging mit der geschlechtsspezifischen und rassistischen Herstellung neuer Arten von Menschen einher.

Die Etablierung rassistischer Ideologien und Institutionen trug maßgeblich zur Ausweitung von Ökonomien bei, in denen ethnisch-rassische und koloniale Hierarchien mit Gender interagieren, um Malocher zu produzieren, deren Mühsal anderen Profit einbringt. Jahrhundertelang wurden wissenschaftliche Diskurse genutzt, um bestimmte Gruppen von Menschen als minderwertig zu identifizieren, die Ausbeutung ihrer Arbeitskraft zu rechtfertigen und sie ihrer (Re-)Produktionsmittel zu berauben, was den ungleichen Tausch förderte, den wachsende Profite erfordern. Der Versuch, überkommene Geschlechter- und Rassenhierarchien infrage zu stellen, indem man sich auf die Rechte und Potenziale des Individuums konzentriert, ist wichtig. Aber die Ermächtigung des Individuums ist selten transformativ, wenn nicht auch die soziokulturellen Systeme berücksichtigt werden, durch die Identitäten, Beziehungen und Weltanschauungen (re-)produziert werden.

Unter den einzigartigen Aspekten des historischen Komplexes, der zum globalen Wachstum geführt hat, gehört der Individualismus zu den am tiefsten verinnerlichten und am schwierigsten zu verändernden. Wie kann man die Rolle, die individualistische Institutionen bei der Förderung bestimmter Rechte, Freiheiten und Gleichheiten gespielt haben, von der Rolle trennen, die sie bei der Untergrabung anderer gespielt haben, einschließlich des Rechts auf die gemeinsame Verwaltung von Territorien, Ressourcen und Kulturen zur Erhaltung des gemeinsamen Wohlergehens?

In der US-amerikanischen und europäischen Bevölkerung sind Ein-Personen-Haushalte am weitesten verbreitet, während die durchschnittliche Größe aller Haushalte auf 2 bis 2,5 Personen geschrumpft ist.[22] Dass der Individualität, dem Geschmack und dem Erfolg durch das eigene Heim Ausdruck verliehen werden, ist ein Segen für das Wirtschaftswachstum und treibt den Bau von immer mehr Häusern und Wohnungen an, die jeweils mit eigenen Möbeln, einem Kühlschrank, einer Heizung, einem Fernseher und vielem mehr ausgestattet sind. Während dieser Trend zu einer maßlosen, ineffizienten Nutzung von Materie und Energie führt, ergeben sich aus dem gewohnheitsmäßigen Alleinsein ebenso beunruhigende Folgen. In dem Maße, in dem sich der oder die Einzelne von den täglichen Freuden und Mühen des gemeinsamen Lebens, der Geselligkeit des Brotbrechens und der gemeinsamen Sorge um das Zuhause und den anderen löst, wird er oder sie anfälliger für die Versprechungen von Genuss, Sinn und Identität durch Konsum und die wettbewerbsorientierte Zurschaustellung von Reichtum. Dieses Buch betrachtet alte und neue Formen des Zusammenlebens und der gemeinschaftlichen Versorgung als Wege, uns selbst und unsere Beziehungen neu zu erfinden und gleichzeitig das Gemeingut zurückzugewinnen.

22 United Nations Population Division, »Household Size & Composition, 2018: United States of America«, 2019, https://population.un.org/Household/index.html#/countries/840.

Opfer des Wachstums

Die Kosten des Wachstums werden irgendwann untragbar hoch. Unter den gegenwärtigen Bedingungen wird selbst ein bescheidener Anstieg der CO_2-Emissionen zu katastrophalen Klimaveränderungen beitragen.[23] Auch die sozialen Grenzen werden durch expandierende Volkswirtschaften, Schulden, Ungleichheit und Finanzkrisen überschritten. Ökonom*innen und Politiker*innen reagieren auf diese Missstände mit dem Ruf nach noch mehr Wachstum. Wir hingegen sehen das Problem im Wachstum selbst und argumentieren, dass die Opfer, die bei seiner Verfolgung gebracht werden, untragbar geworden sind.

Der Irrsinn des kumulierten Wachstums

Unter politischen Entscheidungsträger*innen, Geschäftsleuten und Lai*innen gilt es heute als selbstverständlich, dass die Wirtschaft steigende Wachstumsraten aufweisen sollte. Eine Gehaltserhöhung von drei Prozent erscheint den meisten Menschen wahrscheinlich angemessen und gerechtfertigt. Doch ein dauerhaftes BIP-Wachstum von drei Prozent ist kolossal. Wie in Kapitel 1

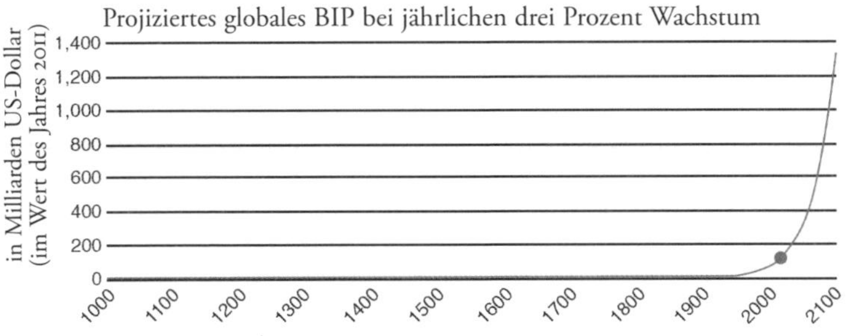

Schaubild 2.1: Exponentielles, kumuliertes Wachstum
Quelle: G. Kallis, *Degrowth*, London 2018. Nachdruck mit Genehmigung.

23 W. Steffen u. a., »Planetary Boundaries: Guiding Human Development on a Changing Planet«, *Science*, 347 (2015), 6223, 1259855–1–10.

erwähnt, verdoppelt ein jährliches Wachstum von drei Prozent die Größe einer Volkswirtschaft alle vierundzwanzig Jahre und führt, wie in der Geschichte des Erfinders des Schachspiels oder eines besonders ansteckenden Virus, schnell zu katastrophalen Größenordnungen (Schaubild 2.1).

Ökonom*innen lernen, bei einem konstanten, beispielsweise dauerhaft dreiprozentigem BIP-Wachstum von einer »gleichbleibenden« Wachstumsrate zu sprechen, ungeachtet der Tatsache, dass diese »gleichbleibende« Wachstumsrate zu einer bemerkenswerten Beschleunigung führt. Wie kann eine Zivilisation, die sich ihrer Rationalität rühmt, auf der verrückten Idee einer unendlich großen Wirtschaft beruhen? Zukünftigen Archäolog*innen wird diese Wachstumsbesessenheit so merkwürdig erscheinen wie die griechische Religion mit ihrer Verehrung von zwölf Gottheiten auf einem Berggipfel, die sich als Stiere verkleiden, um Sex zu haben, und tödlicher als die Opferung Hunderttausender Menschen auf aztekischen Pyramiden.

Unsere Leser*innen fragen sich jetzt vielleicht: Brauchen Städte nicht mehr Fahrräder? Benötigen Dörfer nicht mehr Trinkwasser? Ist dieses Wachstum nicht gut? Wir müssen zwischen der einfachen Ausweitung einer produktiven Tätigkeit und dem ständigen Wachstum von Wirtschaftssystemen unterscheiden. Die historische Entwicklung aller menschlichen Populationen bringt Zu- und Abnahmen in der Produktion verschiedenster Güter und Dienstleistungen mit sich. Keine produktive Tätigkeit kann jedoch endlos mit einer kumulierten Rate wachsen, und die Menschen wollen das auch nicht. Städte werden nicht von unzähligen Fahrrädern profitieren, Dorfbewohner*innen wollen nicht von Wasser überflutet werden, und das ständige Wachstum von beidem würde die Ressourcen der Erde erschöpfen.

Was im Kontext der derzeitigen Institutionen unbegrenzt wachsen zu können scheint, ist das Geld. David Harvey argumentiert, dass die weltweite Geldmenge ohne die Beschränkung durch Gold oder eine andere materielle Grundlage einfach nur eine Reihe von Zahlen darstellt, die außer Kontrolle geraten und in eine schlechte Unendlichkeit führen, die nur in Entwertung und Zerstörung gipfeln kann.[24] Seit Tausenden von Jahren haben menschliche Gesellschaften symbolische Systeme mit Geld verwaltet. Obwohl die abstrakte Qualität des Geldes es anfällig für Vermehrung macht, benötigen Geldsysteme keineswegs Wachstum, um zu funktionieren. Frühere Zivilisationen wie Mesopotamien, das dynastische China und das klassische Griechenland beschränkten das Geldvolumen.[25] Im Gegensatz dazu motivieren und befähigen die in den letzten Jahrhunderten etablierten sozioökonomischen Systeme die ständige Reinvestition von Geld, um immer mehr Geld zu erzeugen.

Die gegenwärtige historische Epoche, die in ihrem Streben nach grenzenlosem Wachstum einzigartig ist, begann vor fünf Jahrhunderten inmitten der miteinander verknüpften Expansionen des europäischen Kolonialismus, des Kapitals und des Rassismus, die neue Muster der Beherrschung von Mensch und Umwelt durch den Menschen etabliert haben. Die gemeinsamen historischen und kulturellen Wurzeln, die das Wachstum fördern, beeinflussen auch heute noch Gesellschaften, die sich im Laufe des 20. Jahrhunderts auf den Pfaden des Kapitalismus, Sozialismus und Kommunismus auseinanderentwickelt haben. Im Jahr 1958 war die Sowjetunion unter Nikita Chruschtschow das erste Land, das Ziele für das Wirtschaftswachstum bekannt gab (150 Prozent Wachstum innerhalb eines Jahrzehnts).[26]

Alle Gesellschaften, die dem Wachstum hinterherlaufen, sehen sich mit der gleichen schlechten Unendlichkeit konfrontiert. Angesichts der eskalierenden Opfer und Schäden bieten die verschiedenen politischen Wirtschaftssysteme jedoch unterschiedliche Anpassungsmöglichkeiten. Im Gegensatz zu anderen menschlichen Volkswirtschaften sind kapitalistische Volkswirtschaften auf Wachstum angewiesen. Um im Wettbewerb des Marktes zu bestehen, müssen diejenigen, die Geld haben, es investieren, mehr Geld verdienen und die Produktion ausweiten. Kapitalismus ohne Wachstum ist

24 D. Harvey, *Marx, Capital and the Madness of Economic Reason*, New York 2018.

25 R. Seaford, *Money and the Early Greek Mind: Homer, Philosophy, Tragedy*, Cambridge 2004.

26 M. Schmelzer, *The Hegemony of Growth: The OECD and the Making of the Economic Growth Paradigm*, Cambridge 2016, S. 164.

plausibel; in einer stagnierenden oder gar schrumpfenden Wirtschaft könnten einige Unternehmen und Einzelpersonen weiterhin profitieren. Doch ist das kaum ein wünschenswertes oder stabiles Szenario. Sobald der Kuchen nicht mehr wächst, müssen alle, die ihren Anteil vergrößern, dies auf Kosten anderer tun. Diejenigen, die immer weniger bekommen, reagieren mit zunehmender Verzweiflung und veranlassen die Mächtigeren, Forderungen nach Umverteilung zu unterdrücken. Die Nützlichkeit des Wachstums für die Aufrechterhaltung von Ordnung und Stabilität in kapitalistischen Systemen motiviert konservative und progressive Regierungen gleichermaßen, das Wachstum zu fördern, und das trotz der erheblichen Kosten.

Das Streben nach Wachstums befördert Verschuldung, Ungleichheit und Finanzkrisen

Zusammengesetztes Wachstum ist nicht nur deshalb unhaltbar, weil der Planet endlich ist, sondern auch, weil Wachstum immer größere Opfer erfordert, da auch die benötigte Steigerung immer größer wird. Seit das zur Jahrhundertmitte verzeichnete Wachstum in den 1970er Jahren zu stagnieren begann, haben Regierungen versucht, Produktionskosten durch Lohnkürzungen, Einsparung öffentlicher Dienstleistungen, Schwächung von Gewerkschaften und Senkung von Arbeitsstandards zu minimieren. In der Zwischenzeit haben sie mit Mechanismen wie Hypotheken und Studiendarlehen den Konsum angekurbelt; solche Mechanismen ermutigen Arbeiter*innen dazu, auf Kredit zu kaufen.

Seit den 1980er Jahren sind das Vereinigte Königreich, die USA und andere Ökonomien durch neoliberale Reformen aggressiv umgestaltet worden, um das Wachstum im Interesse der Wohlhabenden wieder anzukurbeln. Dies ging mit dem Versprechen einher, dass damit auch den weniger Wohlhabenden geholfen sein werde. Die neoliberale Politik, die als Befreiung der Märkte von lästigen Zwängen dargestellt wird, ist alles andere als eine *Laissez-faire*-Politik; sie lenkt Regulierungen, Steuern und öffentliche Ausgaben in vielerlei Hinsicht einfach um.[27] Diese neuen Spielregeln haben dazu bei-

27 D. Harvey, *Kleine Geschichte des Neoliberalismus*, Zürich 2007.

getragen, das Wachstum der Arbeits- und Ressourcenmengen, des Marktkonsums und des BIPs aufrechtzuerhalten.

Außerdem haben sie die Gewinne zugunsten der Reichsten umverteilt, was zu größeren Ungleichheiten innerhalb und zwischen den Ländern geführt hat. In den USA hat sich die Kaufkraft der Durchschnittslöhne in den letzten vierzig Jahren nicht erhöht, obwohl das BIP um das Dreifache gestiegen ist.[28] Die Wirtschaftswissenschaftlerin Juliet Schor bringt den gestiegenen Konsum in diesem Zeitraum mit einem bemerkenswert steilen Anstieg der persönlichen Verschuldung und der durchschnittlichen Arbeitszeit in Verbindung.[29] Diese Trends haben Beziehungen und Subjektivitäten verändert und zu Ergebnissen wie dem vermehrten Auftreten von Depressionen bei verschuldeten Menschen beigetragen.[30] Die bittere Ironie besteht darin, dass sich dieses Opfer des individuellen und familiären Wohlbefindens zur kurzfristigen Steigerung des BIP als unfähig erweist, das makroökonomische Wachstum über Generationen hinweg zu erhalten.

Schuldenfinanziertes Wachstum ist ein Teufelskreis. Volkswirtschaften verschulden sich, um zu wachsen; anschließend müssen sie wachsen, um ihre Schulden abzuzahlen. Die weltweite Verschuldung erreichte im ersten Quartal 2018 ein Rekordhoch von 247.000 Billionen US-Dollar, was einem Anstieg von 11,1 Prozent im Vergleich zum Vorjahr entspricht.[31] Die Schuldenrückzahlungen der ärmsten Länder der Welt haben sich seit 2010 verdoppelt.[32]

28 D. DeSilver, »For Most US Workers, Real Wages Have Barely Budged in Decades«, Pew Research Center, 7. August 2018, https://www.pewresearch.org/fact-tank/2018/08/07/for-most-us-workers-real- wages-have-barely-budged-for-decades.

29 J. Schor, *The Overworked American: The Unexpected Decline of Leisure*, New York 1992.

30 L. Berger, J. M. Collins u. L. Cuesta, »Household Debt and Adult Depressive Symptoms in the United States«, *Journal of Family and Economic Issues,* 37 (2015), 1, S. 42–57.

31 G. Gheorghe, »World Debt Hits Record High of USD 247 Trillion in Q1«, *Business Review,* 11. July 2018, http://business-review.eu/money/world-debt-hits-record-high-of-usd-247-trillion-in-q1–176496.

32 L. Elliot, »Debt Crisis Warning as Poorest Countries' Repayment Bills Soar«, *The Guardian,* 3. April 2019, https://www.theguardian.com/business/2019/apr/03/debt-crisis-warning-as-poorest-countries-repayment-bills-soar.

Internationale Organisationen wie der IWF und die Weltbank halten verschuldete Regierungen zu Strukturanpassungen an. Diese zielen darauf ab, die Staatseinnahmen zu erhöhen, oft durch das Anlocken von Investitionen globaler Unternehmen, die auf der Suche nach billigen Arbeitskräften und Ressourcen sind, um ihr eigenes Wachstum zu fördern.

Globale Finanzkrisen legen die schwachen Grundlagen des beschleunigten Wachstums offen. Als die Derivatstrukturen, hinter denen sich unsolide Hypotheken verbargen, 2007 zusammenbrachen, reagierte die US-Regierung mit massiven Rettungsaktionen, die zwar die Finanzinstitute vor der Insolvenz bewahrten, dabei aber nicht verhindern konnten, dass es weltweit zu weitreichendem Leid, zu Verwerfungen und Konflikten kam. Während Expert*innen und Medien die Krise von 2008 bis 2010 als Folge schwachen Wachstums darstellen, sehen wir ihre Ursache im Streben nach Wachstum unter unhaltbaren Bedingungen. Länder, die zuvor ein höheres BIP-Wachstum aufwiesen, erlitten während der Krise größere Schäden und einen stärkeren Niedergang.[33] Griechenland und Irland, deren Wachstumsleistung von über vier Prozent vor 2008 vom IWF gefeiert wurde, brachen nicht zusammen, weil sie es versäumt hatten, mehr zu wachsen, sondern weil sie öffentliche und private Schulden für ein zu starkes Wachstum genutzt hatten.

Kurzsichtige Versuche, das Wachstum aufrecht zu erhalten

Als die Wirtschaft zu stocken begann und die Wachstumsraten in Ländern wie Japan und Italien gegen Null sanken, reagierten die Regierungen und Zentralbanken, indem sie Geld in die Märkte pumpten und die öffentlichen Ausgaben kürzten. Die negativen Auswirkungen beider Maßnahmen sind ungleich verteilt und dauerhaft.

Zwischen 2009 und 2019 pumpte die Europäische Zentralbank fast 2,6 Billionen Euro in die Geschäftsbanken; die US-amerika-

33 K. Aiginger, »Why Growth Performance Differed Across Countries in the Recent Crisis: The Impact of Pre-Crisis Conditions«, *Review of Economics & Finance*, 1 (2011), S. 35–52.

nische Zentralbank brachte über 4 Billionen Euro auf, was dem Etat für den Zweiten Weltkrieg entspricht.[34] Diese »quantitative Lockerung« (bei der die Zentralbanken zusätzliches Geld in die Märkte pumpen, indem sie neu geschaffene Reserven zum Kauf von Anleihen und anderen Vermögenswerten verwenden) sollte in Verbindung mit gesenkten Zinssätzen zusätzliche Liquidität schaffen und so Investitionen und Kreditvergabe fördern, um Haushalte und Volkswirtschaften über Wasser zu halten. Ein Teil des überschüssigen Geldes wurde Gegenstand von Spekulationen, die die Rohstoff-, Immobilien- und andere Märkte verzerrten und zu verheerenden Folgen wie Hunger und Obdachlosigkeit führten.

Saskia Sassen weist auf einige besorgniserregende Folgen für die Demokratie und die Bürgerrechte hin, die sich aus den daraus resultierenden Trends auf den Immobilienmärkten ergeben.[35] Erstens kam es zu einem drastischen Anstieg beim Bau von Megaprojekten und beim Kauf von Gebäuden durch Unternehmen und Ausländer*innen (in hundert Städten weltweit überstiegen die Käufe von Bestandsimmobilien durch Unternehmen zwischen Mitte 2013 und Mitte 2014 die Summe von 600 Milliarden Dollar, ein Jahr später waren es 1 Billion Dollar). Zweitens gab es ein katastrophales Ausmaß an Zwangsversteigerungen von bescheidenen Immobilien, die sich im Besitz von Haushalten mit mittlerem Einkommen befanden (Daten der US-Notenbank zeigen, dass mehr als 14 Millionen Hausbesitzer*innen zwischen 2006 und 2014 ihre Häuser verloren haben).

Die Eskalation der Wohnungspreise hat zahllose Bewohner*innen gezwungen, ihre Häuser und Städte zu verlassen oder lange Arbeitswege auf sich zu nehmen; viele haben ihren Arbeitsplatz verloren. Akute Obdachlosigkeit inmitten des rasanten Wachstums ist in London zu beobachten, wo Ausländer*innen zwischen 2008 und 2014 Immobilien im Wert von 100 Milliarden Pfund

34 P. Wargan, »A Green New Deal for Europe«, *Tribune*, 14. Mai 2019, https://tribunemag.co.uk/ 2019/05/a-green-new-deal-for-europe.

35 S. Sassen, »Who Owns Our Cities – and Why This Urban Takeover Should Concern Us All«, *The Guardian*, 24. November 2015, https://www.theguardian.com/cities/2015/nov/24/who-owns-our-cities-and-why-this-urban-takeover-should-concern-us-all.

kauften,[36] aber auch in San Francisco, der Stadt mit den meisten Milliardär*innen pro Einwohner*in, wo Obdachlose die Straßen als Toilette nutzen.[37]

Angesichts der ungewollten Stagnation haben Regierungen, die auf Wachstum gesetzt hatten, Sparmaßnahmen auferlegt, die die Ausgaben in Bereichen wie Gesundheit, Bildung, Soziales, Umwelt und Gehälter kürzen. Während sie Defizite eindämmen und Mittel für die Schuldentilgung freisetzen, untergraben solche Kürzungen das Wohlergehen und die Regeneration der wichtigsten Ressource eines Landes: der Menschen.

Eine UN-Untersuchung hat ergeben, dass im Vereinigten Königreich, der fünftgrößten Ökonomie der Welt und einem Zentrum des globalen Finanzwesens, die Sparmaßnahmen dazu geführt haben, dass 14 Millionen Menschen in Armut leben, und dass die öffentliche Hand nicht in der Lage ist, auf die wachsenden Bedürfnisse im Bereich der psychischen Gesundheit und der Kinderarmut zu reagieren.[38] Die Kürzungen in den europäischen Gesundheitssystemen haben zu einer Zunahme von Infektionskrankheiten und Selbstmorden geführt sowie dazu,[39] dass die reichen Länder trotz ihrer enormen Ressourcen nicht auf den Umgang mit Epidemien vorbereitet sind. Feminist*innen prangern zu Recht den zunehmenden Pflegenotstand an, einschließlich Situationen, in denen alle Erwachsenen einer Familie lange arbeiten müssen, während Arbeiter*innen, die für die Pflege von Kindern, älteren

36 P. Crerar u. J. Prynn, »Revealed: How Foreign Buyers Have Bought 100 bn of London Property in Six Years«, *Evening Standard*, 21. Oktober 2015, https://www.standard.co.uk/news/london/revealed-how-foreign-buyers-have-bought-100bn-of-london-property-in-six-years-a3095936.html.

37 B. Gilbert, »People are Pooping More Than Ever on the Streets of San Francisco«, *Business Insider*, 18. April 2019, https://www.businessinsider.es/san-francisco-human-poop-problem-2019–4?r=US& IR=T.

38 United Nations Human Rights: Office of the High Commissioner, »Statement on Visit to the United Kingdom, by Professor Philip Alston, United Nations Rapporteur on extreme poverty and human rights«, 2018, https://www.ohchr.org/EN/NewsEvents/Pages/DisplayNews.aspxNewsID=23881&LangID =E.

39 M. Karanikolos, P. Mladovsky, J. Cylus, S. Thomson, S. Basu, D. Stuckler, J. Mackenbach u. M. McKee, »Financial Crisis, Austerity, and Health in Europe«, *The Lancet*, 381 (2013), 9874, S. 1323–1331.

Menschen, Kranken und Haushalten zuständig sind, nur schlecht bezahlt und durch geschlechtsspezifische, ethnische und geografische Hierarchien ausgebeutet werden.

Im Oktober 2019 verordnete Ecuadors Präsident Lenin Moreno einen mit dem IWF ausgehandelten Plan zur Strukturanpassung als Vorbedingung für ein Darlehen in Höhe von 4,2 Milliarden Dollar. Miriam Langs Analyse der daraus resultierenden Revolte verweist auf die jüngsten Steuersenkungen und -befreiungen für große Unternehmen, die sich auf rund 4 Milliarden Dollar belaufen und das Potenzial haben, das ecuadorianische BIP zu erhöhen.[40] Das angekündigte Sparpaket traf insbesondere Menschen mit geringem Einkommen, da seit Langem bestehende Treibstoffsubventionen gestrichen und die Leistungen für Beschäftigte des öffentlichen Sektors gekürzt wurden. Als Gewerkschaften, indigene Gruppen, Student*innen und andere Gruppen protestierten, verhängte die Regierung den Ausnahmezustand und schickte Tausende von Militärs und schweres Gerät auf die Straße. Zwölf Tage des Konflikts führten zu acht Toten, schätzungsweise 1.300 Verletzten und 1.200 Verhaftungen sowie zur Rücknahme des Sparpakets.

Zusammenfassend lässt sich sagen, dass hohe Schulden, erzwungene Sparmaßnahmen und eine wilde Inflation auf den Lebensmittel- und Wohnungsmärkten als Krankheiten dargestellt werden, die durch Wachstum geheilt werden sollen. Wir halten dagegen, dass dies alles Folgen einer Politik sind, die das Wachstum ankurbeln soll.

Ökologische Kosten des Wachstums

Wachsende Volkswirtschaften erfordern eine ständige Zufuhr von Ressourcen und verändern fortlaufend das Land, das Wasser und die Luft, die wir mit anderen Arten teilen. Ökolog*innen bezeichnen unsere Zeit als »die große Beschleunigung«. Zeichnet man ein beliebiges Diagramm über die historische Entwicklung der globalen Umweltauswirkungen (Kohlendioxidemissionen,

40 M. Lang, »A Historical Victory in Ecuador«, *Radical Ecological Democracy*, 19. Oktober 2019, https://www.radicalecologicaldemocracy.org/historical-victory-in-ecuador.

Wassernutzung, Versauerung der Ozeane, Abfallentsorgung usw.), so erhält man eine Hockeyschlägerfigur, bei der eine fast horizontale Linie über Jahrhunderte hinweg nur geringe Veränderungen zeigt; dann beschleunigen sich die Auswirkungen während des 20. Jahrhunderts, sodass eine fast vertikale Linie entsteht (wie in Schaubild 2.1). Die Ähnlichkeit mit dem Hockeystick des BIP ist kein Zufall; die Beschleunigung des BIP ist das, was die Umweltauswirkungen beschleunigt.

Bergleute nahmen früher Kanarienvögel mit in die Minen. Wenn sich zu viel Kohlenmonoxid ansammelte, verendete der Kanarienvogel und warnte die Bergleute, sich zurückzuziehen. Was müssen wir tun, damit wir den Kanarienvögeln von heute Aufmerksamkeit schenken? Die Vogelpopulationen Frankreichs haben sich in den letzten fünfzehn Jahren aufgrund von Pestiziden und anderen Faktoren um ein Drittel verkleinert.[41] In den USA sind von den 6 Millionen Bienenvölkern, die 1947 gezählt wurden, bereits 3,5 Millionen verschwunden.[42] Für den UN-Bericht über biologische Vielfalt und Ökosystemleistungen des Jahres 2019 haben 145 Wissenschaftler*innen aus fünfzig Ländern 15.000 Studien ausgewertet und sind zu dem Schluss gelangt, dass »die Natur weltweit in einem Tempo schwindet, das in der Geschichte der Menschheit beispiellos ist – und dass sich das Artensterben beschleunigt, was wahrscheinlich schwerwiegende Auswirkungen auf Menschen in aller Welt haben wird.«[43] Der weltweite Rückgang der biologischen Vielfalt, der mit der industriellen Landwirtschaft und dem Verlust von Lebensräumen zusammenwirkt, droht die Häufigkeit von Krankheitsausbrüchen wie der COVID-19-Pandemie zu erhöhen.[44]

41 »France's Bird Population Collapses Due to Pesticides«, Desdemona Despair, 22. März 2018, https://desdemonadespair.net/2018/03/frances-bird-population-collapses-due.html.

42 J. Ellis, »The Honey Bee Crisis«, *Outlooks on Pest Management,* 23 (2012), 1, S. 35–40.

43 United Nations Report, »Nature's Dangerous Decline ›Unprecedented‹; Species Extinction Rates ›Accelerating‹«, 2019, https://www.un.org/sustainabledevelopment/blog/2019/05/nature-decline-unprecedented-report.

44 J. Vidal, »›Tip of the Iceberg‹: Is our Destruction of Nature Responsible for Covid-19?«, *The Guardian*, 18. März 2020, https://www.theguardian.com/

Wachsende Ökonomien bedeuten auch mehr Abfall und Emissionen. Bei den derzeitigen Raten werden die Ozeane bis 2050 mehr Plastik als Fische enthalten.[45] Trotz des Wissens um die Folgen des Klimazusammenbruchs ist das globale Emissionswachstum von 1 Prozent pro Jahr in den 1990er Jahren auf 3 Prozent pro Jahr in diesem Jahrtausend gestiegen. Nationen, die sich im Pariser Abkommen von 2015 verpflichtet haben, den globalen Temperaturanstieg auf 1,5 Grad Celsius zu begrenzen, sind nun auf dem Weg zu einer verheerenden Erwärmung von 4 Grad Celsius.[46]

Der Zusammenhang von BIP und Kohlenstoffemissionen ist nicht zufällig. Das derzeitige Ausmaß der wirtschaftlichen Produktion wird durch fossile Brennstoffe ermöglicht. Ein Unterschied von 1 Prozent beim BIP geht mit einem Unterschied von 0,6 bis 1 Prozent bei den CO_2-Emissionen einher.[47] Um den Temperaturanstieg auf 1,5° Celsius zu begrenzen, müssen die weltweiten Kohlenstoffemissionen laut IPCC bis 2030 nahezu halbiert werden. Alle umsetzbaren Szenarien beinhalten einen drastischen Rückgang des weltweiten Energieverbrauchs.

Die Verantwortlichkeiten und Reaktionen werden durch die extremen Unterschiede zwischen den Ländern in Bezug auf Nutzen und Lasten des Wachstums und durch die beträchtliche ökologische Schuld der Gesellschaften erschwert, die in den letzten Jahrhunderten unverhältnismäßig viele globale Ressourcen verbraucht und mehr als ihren gerechten Anteil an Emissionen und Abfall produziert haben.

environment/2020/mar/18/tip-of-the-iceberg-is-our-destruction-of-nature-responsible-for-covid-19-aoe; R. Wallace, *Was COVID-19 mit der ökologischen Krise, mit dem Raubbau an der Natur und dem Agrobusiness zu tun hat*, Köln 2021.

45 F. Mathuros, »More Plastic than Fish in the Ocean by 2050: Report Offers Blueprint for Change«, World Economic Forum, 19. Januar 2016, https://www.weforum.org/press/2016/01/more-plastic-than-fish-in-the-ocean-by-2050-report-offers-blueprint-for-change.

46 Y. Robiou du Pont u. M. Meinshausen, »Warming Assessment of the Bottom-up Paris Agreement Emissions Pledges«, *Nature Communications*, 9 (2018).

47 P. J. Burke, M. Shahiduzzaman u. D. I. Stern, »Carbon Dioxide Emissions in the Short Run: the Rate and Sources of Economic Growth Matter«, *Global Environmental Change*, 33 (2015), S. 109–121.

Ausbeutung: ein wesentlicher Wachstumsfaktor

Die sozialen und ökologischen Kosten des Wachstums sind keine zufälligen, sondern systembedingt. Wachstum resultiert aus Überschüssen, die investiert werden, um weitere Überschüsse zu erzielen. Überschüsse werden erzielt, indem ein Produkt oder eine Dienstleistung zu einem Preis verkauft wird, der über den Kosten für die zur Herstellung eingesetzten Arbeitskräfte und Ressourcen liegt. Daher ist der billige Zugang zu Arbeitskräften, Materialien und Energie eine wesentliche Voraussetzung für Wachstum. Produktionsketten und Buchhaltungssysteme, die Kosten und Schäden auf entfernte Umgebungen, andere Menschen und künftige Generationen abwälzen, sind allgegenwärtige Merkmale von Wachstumswirtschaften.

Der technologische Wandel ist für das Wirtschaftswachstum zwar wichtig, aber nicht ausreichend. Im 18. Jahrhundert passten britische Erfinder*innen Spinnräder und Webstühle wiederholt an, um die Produktion von mehr Stoff in kürzerer Zeit zu ermöglichen. Diese Innovationen stimulierten das Wachstum jedoch nur in Verbindung mit der unterbezahlten Arbeit der Fabrikarbeiter*innen, der unbezahlten Arbeit der versklavten Afrikaner*innen, die in Amerika Baumwolle anbauten, der ebenfalls unbezahlten Arbeit der Frauen, die beide Gruppen reproduzierten und versorgten, und dem billigen Zugang zu Land (Boden, Wasser, Holz usw.), das Indigenen geraubt wurde. Selbst diese Bedingungen konnten nicht zu einem Marktwachstum führen, ohne die Nachfrage zu steigern. Sven Beckert dokumentiert aggressive britische Maßnahmen zur Schaffung neuer Märkte für Stoffe, insbesondere durch die Untergrabung handwerklicher Netzwerke zur Herstellung von Seide und anderen Textilien in Indien.[48]

Beckert zeigt auch, dass vor dem 20. Jahrhundert nur ein winziger Teil der Weltbevölkerung Arbeit gegen Lohn tauschte. Die meisten schufteten für den Lebensunterhalt der Familie, einige als feudale Abhängige, andere als versklavte Arbeitskräfte. Die Schwierigkeit, Menschen zum Verkauf ihrer Arbeitskraft zu be-

48 S. Beckert, *King Cotton. Eine Geschichte des globalen Kapitalismus*, München 2019.

wegen, zeigt sich in den Formen des Zwangs, die in verschiedenen Bereichen und Regionen ausgeübt wurden. In Europa und seinen Kolonien wurden die traditionellen Lebensgrundlagen durch weitverbreitete Mechanismen zur Enteignung lokaler Gemeingüter untergraben, während neue Arten von Menschen durch im Wandel begriffene soziale Institutionen geschaffen wurden. Zwei dauerhafte, für die wirtschaftliche Expansion unerlässliche Mechanismen entwickelten sich, um Formen der Ausbeutung zu entwickeln (und zu rechtfertigen): Aneignung durch Rassifizierung und die geschlechtsspezifische Hierarchisierung von Produktion und Reproduktion.

Die während der industriellen Revolution geschaffenen Arrangements zur Ausbeutung der Arbeitskraft von Männern, Frauen und Kindern mündeten in einer Nachhaltigkeitskrise. Von den englischen Textilfabriken bis hin zu den amerikanischen Plantagen gab es angesichts der hohen Raten von Krankheit, Invalidität, Flucht und Tod Herausforderungen bezüglich der Erhaltung der menschlichen Ressourcen. Sowohl Lohnarbeiter*innen als auch versklavte Menschen waren nicht in der Lage oder nicht willens, die Anforderungen der produktiven Arbeit zu erfüllen und gleichzeitig neue Generationen von Arbeiter*innen zu gebären, aufzuziehen und zu versorgen.

Über mehrere Jahrhunderte hinweg entwickelte sich ein historischer Modus der geschlechtsspezifischen (Re-)Produktion, um billige Arbeitskräfte für die expandierenden Ökonomien bereitzustellen, zu erhalten und zu reproduzieren. Silvia Federici deckt gewaltsame historische Prozesse auf, die Frauen als Maschinen zur (Re-)Produktion von Humanressourcen etablierten,[49] während ebenso gewaltsame Prozesse bestimmte Gruppen von Männern als Maschinen zur Produktion von Profit für andere etablierten.[50] In Veränderungen, die eine phänomenale Reichweite erlangten, wurde der neue Modus der Lohnarbeit mit Männlichkeit assoziiert,

49 S. Federici, *Caliban und die Hexe: Frauen, der Körper und die ursprüngliche Akkumulation*, Wien 2017.

50 S. Paulson, *Masculinities and Feminities in Latin America's Uneven Development*, New York 2015.

als »produktiv« bezeichnet und mit Geld, Prestige und anderen Ressourcen belohnt. Der zunehmend mit Weiblichkeit assoziierten »reproduktiven« Arbeit wurden diese Ressourcen verweigert.

Das über Ausbeutung vermittelte Wachstum strotzt vor Widersprüchen. Eine geringere Entlohnung der Arbeiter*innen senkt die Produktionskosten, schränkt aber auch die Möglichkeiten der Arbeiter*innen ein, gesund zu bleiben und Produkte zu kaufen. Die Sozialisierung von Frauen zur Reproduktion von Arbeitskräften und zur unbezahlten täglichen Betreuung anderer Menschen senkt die Kosten für angeheuerte Arbeitskräfte; sie erschwert es aber auch, diese Frauen in den Arbeitsmarkt einzugliedern. Billigere Techniken zur Ausbeutung von Ressourcen senken die Produktionskosten, erhöhen aber häufig auch die Degradierung und Verschmutzung der Umwelt. Die Maximierung der von Männern geleisteten produktiven Arbeit steigert das Wachstum; sie untergräbt aber auch die von Frauen geleistete Pflegearbeit und das Wissen, das für den Erhalt von Familien, Gemeinschaften und der Umwelt notwendig ist.

Inmitten dieser Spannungen und Widersprüche und im Zusammenspiel mit organisierten Kämpfen zur Verbesserung der Arbeitsbedingungen wurden Formen menschlicher und tierischer Energie nach und nach durch eine Fülle billiger Energie aus fossilen Brennstoffen ersetzt. Im 19. und 20. Jahrhundert steigerten zunächst Kohle und dann Öl zusammen mit petrochemischen Produkten die Produktionsleistung pro Arbeitsstunde und die landwirtschaftlichen Erträge pro Flächeneinheit erheblich. Der mit fossilen Brennstoffen betriebene Transport subventionierte die zunehmende Ansiedlung von Produktion und Konsum an mehreren Standorten, die Verlagerung von Standorten für unterbezahlte und versklavte Arbeitskräfte und die weltweite Ausweitung der Verbrauchermärkte. Diese Entwicklungen trugen maßgeblich dazu bei, dass sich die Ökonomien in Richtung eines kumulierten oder zusammengesetzten Wachstums bewegten.

Das Streben nach fossilen Brennstoffen und neuen Märkten hat geopolitische Machtverhältnisse geschaffen, die die Ausbeutung schwächerer Länder erleichtern. Mechanismen, die von Entwicklungsprogrammen bis hin zu regelrechten Kriegen reichten, trugen dazu bei, globale Märkte und Versorgungsketten zu schaffen, unter enormen Kosten für verschiedene Traditionen und Wertesysteme. Nachdem Harry Truman in seiner Antrittsrede 1949 die internationale Entwicklungshilfe in der US-Außenpolitik verankert hatte, bezeichnete die Weltbank zwei Drittel der Weltbevölkerung als »arm« und entwicklungsbedürftig. Unschätzbar kostbare Lebens- und Beziehungsformen wurden durch die Ausbreitung euro-amerikanischer Institutionen und Lebensweisen verdrängt. Ein UN-Bericht aus dem Jahr 1951 beklagte: »Rascher wirtschaftlicher Fortschritt ist ohne schmerzhafte Anpassungen unmöglich. Alte Philosophien müssen über Bord geworfen werden; alte soziale Institutionen müssen sich auflösen; Bande der Kaste, des Glaubens und der Rasse müssen zerbrechen; und eine große Anzahl von Menschen, die mit dem Fortschritt nicht Schritt halten können, muss in ihren Erwartungen an ein bequemes Leben enttäuscht werden. Nur sehr wenige Gemeinschaften sind bereit, den vollen Preis des wirtschaftlichen Fortschritts zu zahlen.«[51]

Zusammenfassend lässt sich sagen, dass das Wachstum durch hierarchische soziokulturelle Systeme ermöglicht wurde, die den ungleichen Tausch von Arbeit und anderen Ressourcen zwischen Menschen, zwischen Ländern und zwischen Menschen und ihrer natürlichen Umwelt fördern. Geschlechtsspezifische Erwartungen haben mit sich entwickelnden Rassen-, Klassen- und kolonialen Hierarchien interagiert, um die Kosten für die Produktion, den Erhalt und die Ausbeutung von Menschen zu minimieren. Die Opferung verschiedener bereits bestehender Identitäten und Beziehungen hinterlässt tief empfundenes Leid.

Psychosoziale Grundlagen des Wachstums

Wachstum ist keine äußere Macht, die über unschuldige Menschen herfällt; sozioökonomische Systeme werden jeden Tag durch die Handlungen und Einstellungen der Menschen (re)produziert. Die Notwendigkeit, die eigene Arbeitskraft zu verkaufen, um zu überleben, prägt Wahrnehmungen und Wünsche. Wenn man mit anderen um die begrenzten Möglichkeiten konkurriert, seinen Lebensunterhalt zu verdienen, begrüßt man die Expansion des

51 Zit. n. A. Escobar, *Encountering Development*, Princeton 2011, S. 3.

Marktes. Wenn Rezessionen Arbeitslosigkeit und Schulden mit sich bringen, findet jede Maßnahme zur Förderung des Wachstums Unterstützung.

In individualistischen Gesellschaften und anonymen städtischen Umgebungen lernen die Menschen, ihren Wert und ihren Status durch das zu signalisieren, was sie kaufen und anderen voraus haben. Dies ist nicht nur eine Frage der Eitelkeit. Es ist eine Frage des Selbstwertgefühls und der Würde in einem Umfeld, in dem Respekt voraussetzt, dass man sich das leistet, was die Menschen um einen herum als anständige Kleidung, eine gute Wohnung, ein gutes Auto oder angemessene medizinische Versorgung betrachten.

Erfahrungen von Unsicherheit und Unzulänglichkeit sind genutzt worden, um den Konsum anzukurbeln, was mit hohen psychologischen Kosten verbunden ist. Da Reiche und Arme sich immer mehr abmühen, um Erwartungen zu erfüllen und miteinander zu konkurrieren, beschleunigt sich das Wirtschaftswachstum, was wiederum Zeitdruck und Erschöpfung verschärft. Das Versprechen, Wachstum werde zu einem bequemen Leben mit wenig Schmerzen und Verpflichtungen führen, ist für viele attraktiv, auch für uns. Das offenkundige Problem ist, dass ein Wachstum, das von Ungleichheit und Ausbeutung abhängt, diesen Traum nur für einige wenige Privilegierte verwirklichen kann. Tiefer liegende Probleme, die im folgenden Kapitel untersucht werden, ergeben sich aus der geringen moralischen und menschlichen Bedeutung eines Lebens, das damit verbracht wird, individuellen Privilegien nachzujagen, frei von Grenzen und gemeinschaftlichen Verpflichtungen.

Um die systemische Expansion aufrechtzuerhalten, werden Wachstumsimperative in Lebenszielen und Identitäten verinnerlicht, sodass wir das Gefühl haben, der Wachstumsimpuls sei unserer DNA eingeschrieben. Individuelles Konkurrenzdenken, egoistisches Horten, der Wunsch, Eigentum zu kontrollieren, und der unstillbare Drang zu konsumieren sind jedoch keine angeborenen Überlebensinstinkte. Diese Verhaltensweisen sind in der jüngeren Geschichte gefördert worden, um der Expansion bestimmter Wirtschaftssysteme zu dienen. Die menschliche Natur bietet viele Möglichkeiten: Wir können egoistisch und altruistisch sein, wir können mehr wollen und mit weniger auskommen, wir können akkumulieren, aber auch teilen. Welche Neigungen kultiviert und welche eingeschränkt werden, hängt von den soziokulturellen Systemen ab.

Die evolutionäre Eigenschaft, die das Überleben unserer Spezies während ihrer gesamten Lebenszeit gesichert hat, ist die biophysikalische Fähigkeit zum symbolischen Denken und zur Kommunikation. Sie ermöglicht es Gruppen von Menschen, gemeinsam Sprachen, Religionen, Verwandtschaftsbeziehungen und andere ökosoziale Systeme zu entwickeln, die den einzelnen Organismus überleben und dazu beitragen, neue Generationen von Menschen, mit ihren Gewohnheiten und Lebenswelten, hervorzubringen. Diese gemeinsamen Systeme ermöglichen es den Menschen, jegliche Art von Welt zu gestalten. Wir erkunden nun einige Formen menschlicher Organisation, die den Übergang zu Degrowth fördern können, sowie die Denkweisen und Subjektivitäten, die diese Organisationsformen bilden und von ihnen befördert werden.

Änderungen vor Ort

Aufgrund der Narrative, die das heutige Leben beherrschen, ist es leichter, sich das Ende der Welt und sogar das Ende des Kapitalismus vorzustellen als das Ende des Wachstums. Wie können wir beginnen, über andere Wege nach vorne nachzudenken? Indem wir das Bestehende beobachten und wertschätzen. Menschen in allen Teilen der Welt übernehmen, adaptieren und erfinden Alternativen zu den vorherrschenden Wirtschaftsmodellen und Denkweisen. Viele stützen sich auf lange gewachsene Traditionen, die ein einfaches Leben in Solidarität mit anderen zelebrieren.

Hier entwickeln wir unser Plädoyer für Degrowth gleichsam von Grund auf, indem wir von Menschen lernen, die den Geist von Degrowth verkörpern und in ihrem Alltag mit allen Sinnen umsetzen. Dies unterscheidet sich von globalen Programmen zur Eindämmung des Verlusts der biologischen Vielfalt und des Klimawandels, wobei wir nicht glauben, dass der eine Ansatz den anderen ausschließt. Ohne die tägliche Übung des Teilens von Lebensmitteln, Häusern, Nachbarschaften und reflektierenden Gesprächen können wir Menschen nicht die Fähigkeiten entwickeln, internationale Klimaverträge und Green New Deals zu schließen und umzusetzen. Dieses Kapitel beginnt mit einem Blick auf ein Leben, das von den Werten des gemeinschaftlichen Wohlergehens und nicht von Wettbewerb und Wachstum bestimmt wird. Anschließend werden Fälle betrachtet, in denen sich Menschen zu gemeinschaftlichen Unternehmungen zusammengefunden haben, und es wird die Frage gestellt, wie diese Prozesse zu umfassenderen Übergängen führen. Von zentraler Bedeutung sind dabei die in Kapitel 1 eingeführten Konzepte: Gemeingüter, verstanden als lebendige Systeme gemeinsam genutzter Ressourcen, und Commoning, im Sinne einer Einübung von Zusammenarbeit, Konflikt und Beratung, die Traditionen und Regeln aufrechterhält und anpasst. Commoning kann auf Wachstum oder Degrowth ausgerichtet sein, auf die Verteidigung des Status quo oder auf die Durchsetzung von Veränderungen durch performative Reartikulationen des Common Sense. David Bollier unterstreicht die Möglichkeit, sich gegen die Kräfte der Privatisierung zu stemmen, und plädiert für die Stärkung und Ausweitung gemeinsamer Versorgungs- und Pflegesysteme als Alternativen zu schuldenfinanzierten Ökonomien, die unstillbare Wachstumsansprüche bedienen.[52] Wir fordern eine ausgeprägtere Wertschätzung von Formen jener Pflege und sozialen Reproduktion, die seit Langem mit Lohnarbeit und Marktgütern koexistiert und diese aufrechterhalten hat. Und wir versuchen, von gemeinsamen Produktions- und Konsumformen zu lernen, wie z. B. gemeinschaftlichen Lebensmittelgärten, gemeinschaftlich unterstützter Landwirtschaft, Agrarökologie-Netzwerken, Ökokommunen, gemeinschaftlichen Wohn- und Lebensformen, Peer-to-Peer-Software, Peer-to-Peer-Hardware und digitalen Gemeingütern sowie gemeinsamen Kinderbetreuungskreisen.

Diese Allmenden und das Leben der Menschen, die sie bilden, sind voller Widersprüche. In einem institutionellen und ideologischen Umfeld, das darauf ausgerichtet ist, Privateigentum und Wettbewerb zu unterstützen und zu verteidigen, sind die Bemühungen um den Aufbau und die Aufrechterhaltung gemeinschaftlicher Unternehmungen unweigerlich mit Kämpfen verbunden und werden angezweifelt. Aus diesem Grund ist die gegenseitige Unterstützung von Netzwerken von Mitstreiter*innen so wichtig, zusammen mit der Reform von Politik, Institutionen und Ressourcennutzung, um günstigere Bedingungen zu schaffen.

Common Sense: Teilen und einfach leben, damit andere leben können

Überall auf der Welt fördern Populärkultur, Medien und Bildungssystem harte Arbeit, Konkurrenz und individuelle Leistung, die sich durch Produktion und Konsum zu erkennen gibt. Neben diesen mächtigen Botschaften gibt es andere Logiken und Wünsche. Sie sind in Traditionen verwurzelt, die einfachere, sanftere Wege fördern, und die in Solidarität mit denen gelebt werden, die andere Bedürfnisse haben. Sinn und Vergnügen werden

52 D. Bollier, »Commoning as a Transformative Social Paradigm«, 2016, http://www.bollier.org/blog/commoning-transformative-social-paradigm.

auf unterschiedliche Weise erfahren: durch Gesang, Tanz, Sport oder Gebet, durch gemeinsame Mahlzeiten oder Gespräche, durch das Beobachten von Sonnenuntergängen oder Spaziergänge in der Landschaft. Diese gemeinsamen Sinneseindrücke inspirieren und unterstützen die verschiedenen Wege zu Degrowth.

Die wenigen Staats- und Regierungsoberhäupter, die diesen Ansatz verkörpern, heben sich deutlich von anderen ab. Das gilt etwa für Papst Franziskus, der die päpstliche Residenz zugunsten einer Herbergssuite meidet und verkleidet durch die mitternächtlichen Straßen Roms gegangen ist, um mit obdachlosen Männern und Frauen zu sprechen, zu sitzen und zu essen. Es gilt auch für den ehemaligen Präsident von Uruguay, José Mujica, der auf den Präsidentenpalast verzichtete, um auf seinem bescheidenen Bauernhof am Rande von Montevideo zu leben, und gleichzeitig 90 Prozent seines Präsidentengehalts spendete. Ein solches Verhalten wird in Gesellschaften, in denen die vorherrschenden Erwartungen an Männlichkeit durch die Zurschaustellung von Reichtum, Macht und Status erfüllt werden, als abnormal bezeichnet. Im Gegensatz dazu bleibt das Leben zahlloser Frauen, die eine Degrowth-Sensibilität an den Tag legen, unbemerkt. Diese Frauen leben in Kontexten, in denen »gute« Weiblichkeit durch Bescheidenheit und Verzicht auf persönlichen Ehrgeiz zugunsten des Engagements für Familie und Gemeinschaft definiert wird. Eine Frau, die an Bekanntheit gewonnen hat, ist Winona LaDuke, eine in Harvard ausgebildete Ökonomin, die zweimal für die Grüne Partei als Vizepräsidentin der USA kandidiert hat. Die meiste Zeit ihres Erwachsenenlebens hat LaDuke bescheiden im Ojibwe-Reservat White Earth in Minnesota gelebt. Die täglichen Praktiken des Ackerbaus und der Versammlungen im Kreis der Großfamilie begreift sie als Grundlage ihrer Führungsrolle im Kampf um die Umwelt.

Unzählige andere praktizieren ein bescheidenes Leben: Stadtbewohner*innen, die in ihrer Arbeit, ihrer Familie oder ihren Freund*innen Zufriedenheit finden, ohne nach immer mehr Reichtum und Macht zu streben; Landwirt*innen, die genug produzieren, um ihre Gemeinschaften zu ernähren, ohne die natürlichen Ressourcen zu erschöpfen; Rentner*innen, die sich der Gemeinschaftsarbeit verschrieben haben; Handwerker*innen und Kleinproduzent*innen.

Neben denjenigen, die sich für ein einfaches Leben in komplexen Gesellschaften entscheiden, gibt es Millionen von Menschen, die aus Tradition oder Notwendigkeit heraus ein einfaches Leben führen. In einer Sonderausgabe des *Journal of Political Ecology* bringen Gezon und Paulson Forscher*innen aus zahlreichen Kultur- und Sprachkreisen zusammen, die über solche vielfältigen Prozesse schreiben, wie sie sich in dreizehn Ländern abspielen.[53]

Menschen, die ein umweltverträgliches, nicht am Wachstum ausgerichtetes Leben führen, stellen einen Großteil der Weltbevölkerung. Leider ist ein sanftes und nachhaltiges, lokal verankertes Leben nicht immer ein Garant für Frieden. An den Grenzen der expandierenden Rohstoffwirtschaft riskieren Menschen, die auf einem sehr niedrigen Konsumniveau leben, ihr Leben, um sich den wirtschaftlichen Entwicklungen zu widersetzen.[54] Bemerkenswerte Beispiele sind die Zapatistas, die seit ihrem Aufstand 1994 (am Tag des Inkrafttretens des Nordamerikanischen Freihandelsabkommens, NAFTA) wachstumsorientierte Initiativen der mexikanischen Regierung blockiert haben, darunter ein großmaßstäbliches Autobahnprojekt, mit dem die Agrarindustrie und der Ökotourismus in Chiapas ausgebaut werden sollten.[55] Anstatt ein größeres Stück des mexikanischen Wirtschaftskuchens zu beanspruchen, kämpfen die Zapatistas (wie andere Gruppen, einschließlich der Kurd*innen) für das Recht, ihren eigenen Weg zu gehen.

Einige Angehörige der globalen Eliten sind nach Chiapas gereist, um Solidarität zu zeigen und von traditionellen Lebensweisen zu lernen. Andere reagieren auf die Sehnsucht nach Einfachheit mit Meditation, Tai Chi, Yoga, minimalistischem Design, Entrümpelung, kleinen Häusern und Vorruhestand. Die privilegierten Positionen, aus denen heraus diese Sehnsüchte gelebt werden, sollten uns nicht blind machen für den Wunsch, der darin zum Ausdruck kommt, nämlich den, ein weniger schädliches und sinnvolleres Leben zu führen.

53 L. Gezon u. S. Paulson (Hg.), »Degrowth, Culture and Power«, *Journal of Political Ecology*, 24 (2017, Sonderausgabe).

54 Environmental Justice Atlas, https://ejatlas.org.

55 J. Otto, »Finding Common Ground: Exploring Synergies between Degrowth and Environmental Justice in Chiapas, Mexico«, *Journal of Political Ecology* 24 (2017), 1, S. 491–503.

Menschen, die versuchen, positive Veränderungen herbeizuführen, werden oft als heuchlerisch verurteilt: »Sie fährt mit dem Fahrrad zur Arbeit, um Emissionen zu reduzieren, und jettet dann zu Klimagipfeln.« »Sie helfen den Armen, und lassen das durch Unternehmensdividenden finanzieren.« Scharfe Kritik aus dem wachstumsfreundlichen Mainstream, aber auch von puristischen Aktivist*innen, dient als reaktionäre Abwehr jeglicher Abweichung vom Status quo. Die Forderung, dass jede Handlung eines Menschen vollständig mit einem definierten Wertesystem übereinstimmen muss, hat die Wirkung, Innovationsimpulse zu lähmen. Wenn wir nicht alles aufgeben und in einer Höhle leben, kann niemand von uns Alternativen ausprobieren, ohne in einen Widerspruch zu jenen bestehenden Lebensstilen zu geraten, die das Wachstum fördern sollen. Wie das Sprichwort sagt: Wer mehr als sieben Widersprüche hat, ist ein*e Heuchler*in, wer weniger hat als vier, ein*e Fanatiker*in.

Vom Persönlichen zum Gemeinsamen

Es wäre allerdings naiv, den Wandel als eine Frage des individuellen Willens zu betrachten. Unsere Fähigkeit zur Veränderung wird durch materielle Bedingungen sowie durch verinnerlichte Weltanschauungen und Ideologien begrenzt. Bemühungen, verkörperte Gewohnheiten und Denkweisen zu verlernen – von der Bewunderung für Idole, Milliardär*innen und Statussymbole bis hin zu den alltäglichen Routinen beim Kauf eines Burgers oder der Benutzung eines Autos –, führen zu Spannungen und stoßen auf Widerstand.

Welche Bedingungen stärken oder schwächen unsere Fähigkeit, persönliche Wachstumsdienste infrage zu stellen, die wir als Stress, Konkurrenz, Überarbeitung und Einsamkeit oder als Besessenheit von Einkommen, Reichtum, Veröffentlichungen, Autos, Kleidung, Essen, Drogen und Alkohol erleben? Was unterstützt uns dabei, andere Lebensweisen anzunehmen und zu gestalten? Indem wir über Prozesse nachdenken, die wir in ländlichen und städtischen Gebieten von Bolivien und Indien bis Griechenland und Spanien erlebt und untersucht haben, heben wir einen Aspekt der Antwort hervor: das gemeinsame Sein und Werden.

Menschen, die versuchen, verschiedene Wege zu einem gemeinsamen Wohlergehen einzuschlagen, verbinden sich oft in der Praxis und in Gesprächen miteinander. Sie bilden Netzwerke, in denen ein gemeinsames Verständnis von Mäßigung, Selbstbeschränkung und Solidarität zum Ausdruck kommt und in denen politisches Engagement Gestalt annimmt. Die gegenseitige Ermutigung, kleine Veränderungen auszuprobieren, kann ein Gegengewicht zu den lähmenden Vorwürfen der Heuchelei bilden, insbesondere wenn sie mit organisierter Unterstützung einhergeht, damit die entsprechenden Veränderungen aufrechterhalten werden und damit sie ihren Nutzen entfalten können. Mit der Zeit entwickeln sich aus einigen kollaborativen Praktiken gemeinsame Visionen, die kollektive Maßnahmen zur Veränderung von Institutionen und Umwelt fördern.

Angesichts der enormen Umweltschäden, die durch wachsende Volkswirtschaften verursacht werden, kann es unbedeutend erscheinen, wenn eine Person nur wenig Fleisch isst, mit dem Fahrrad pendelt oder mehr teilt. Dennoch ist es von entscheidender Bedeutung, dass wir uns gegenseitig dabei unterstützen, die gewünschten Welten zu erreichen, denn dadurch verändern wir uns selbst und entwickeln eine Art des Seins und Werdens, die weitreichende soziale und politische Auswirkungen hat. Persönliches Handeln ist ein erster Schritt zum Aufbau von Gesellschaften, die notwendige Veränderungen in Politik und Institutionen umsetzen.

Koevolutionäre Möglichkeiten

Für eine Person, die in einem nordamerikanischen Vorort lebt und deren Arbeitsplatz meilenweit entfernt ist, scheint das Auto die einzige vernünftige Option zu sein. Für eine Person, die in Kopenhagen lebt, umgeben von schönen Fahrradwegen, ist es einfacher, mit dem Fahrrad zur Arbeit oder zur Schule zu fahren, zusammen mit 49 Prozent der Bevölkerung.[56] Solche förderlichen Umgebungen entwickeln sich in der Dynamik zwischen persön-

56 P. Goodman, »The City That Cycles With the Young, the Old, the Busy and the Dead«, *New York Times*, 9. November 2019, https://www.nytimes.com/2019/11/09/world/europe/biking-copenhagen.html.

lichen Wünschen und Gewohnheiten, Netzwerken und im Wandel begriffenen Institutionen. Den Anfang machen Menschen, die aus gesundheitlichen, finanziellen, ökologischen oder anderen Gründen Rad fahren wollen. Diese Menschen können sich untereinander vernetzen und Initiativen organisieren, die von Gruppenausflügen über Heimwerker*innen-Workshops bis hin zur Wahl fahrradfreundlicher Politiker*innen und Protesten zur Rückgewinnung des öffentlichen Raums reichen. Wenn die Behörden darauf reagieren (z. B. mit Maßnahmen und Programmen zur Einrichtung von Radwegen und Verfügbarmachung von Bike-Sharing, zur Verringerung des Autoverkehrs und zu seiner Drosselung durch Tempolimits), dann können mehr Menschen sicher mit dem Fahrrad pendeln. Sie entwickeln die Stärken und Fähigkeiten, um das Radfahren zu genießen, und ziehen das Fahrrad dem Auto vor. In Städten wie Malmö, Montreal und Tokio hat dieser positive Kreislauf dazu geführt, dass die Förderung des Radverkehrs zu einer städtischen und politischen Priorität geworden ist.

Organische Prozesse wie diese spiegeln unweigerlich die sozialen Ordnungen wider, aus denen sie hervorgehen. Aufmerksamkeit für die Art und Weise, in der einige Bewegungen für die Ausweitung des Fahrradverkehrs nichtweiße und einkommensschwache Menschen und Interessen ausgeschlossen oder die Gentrifizierung verschärft haben, trägt zur Förderung bewusster Anstrengungen bei, unterschiedliche Positionen und Kräfte zu erkennen und zu erreichen.

Krisen können persönliche Veränderungen beschleunigen, Risse in vorherrschenden Normen und Erwartungen öffnen und Menschen zusammenbringen, um sich selbst und ihre Beziehungen neu zu erfinden. Angelos Varvarousis zeigt, wie zwischen 2009 und 2016 viele Griech*innen, die durch die anhaltende Krise desorientiert waren, in kooperativen Projekten einen Sinn fanden, die von städtischen Gärten, Zeitbanken und kollektiv betriebenen Kunstzentren bis hin zu Solidaritätskliniken und Lebensmittelbanken reichen.[57] Der Zusammenbruch des Massenkonsums und

57 A. Varvarousis, »Crisis, Liminality and the Decolonization of the Social Imaginary«, *Environment and Planning E: Nature and Space*, 2 (2019), 3, S. 493–512.

die Krise des Wohlfahrtsstaates erschütterten Identitäten, die lange Zeit als natürlich erlebt worden waren. Flüchtige Gemeinschaftserfahrungen wie die massenhafte Besetzung öffentlicher Plätze oder das improvisierte Anlegen von Gärten fungierten als Übergangsriten für Menschen, die von einer nicht mehr tragfähigen Vergangenheit in eine noch zu bestimmende Zukunft übergingen. Bei der praktischen Arbeit an der Schaffung neuer Gemeingüter experimentieren die Menschen mit neuen Selbstbildern und Beziehungen.

Auch der Journalist George Monbiot vom *Guardian* stellt fest, dass inmitten der Coronavirus-Krise und trotz der Maßnahmen zur physischen Distanzierung überall auf der Welt Gemeinschaften der gegenseitigen Hilfe und Fürsorge entstanden sind, die die Armen und Schwachen unterstützen, Ärzte und Pflegepersonal versorgen oder Krankenhäusern, die spezielle Ausrüstung benötigen, kostengünstige technische Lösungen zur Verfügung stellen.[58]

In Puerto Rico haben die alltäglichen Leistungen in gemeinsamen Projekten als Ergebnis von Selbstverwaltungsprozessen, die sich über fünfunddreißig Jahre hinweg um eine Anti-Bergbau-Bewegung herum entwickelt haben, ein gemeinsames Verständnis von Natur, Gemeinschaft und Demokratie hervorgebracht, das die Teilnehmer*innen in einer Weise verändert hat, die dem vorherrschenden Verständnis von Wachstum entgegenwirkt.[59] Zusammenfassend lässt sich sagen, dass Koevolution stattfinden kann, wenn Individuen innovativ sind und sich mit anderen verbinden, um gemeinsam neue Arten von Beziehungen einzugehen, die den politischen Wandel auf anderen Ebenen vorwegnehmen. Auf diese Weise werden die entstehenden Netzwerke zu Kräften des institutionellen Wandels, die alternative Governance-Strukturen modellieren und für diese eintreten.

58 G. Monbiot, »The Horror Films Got it Wrong: This Virus has Turned Us into Caring Neighbours«, *Guardian*, 31. März 2020, https://www.theguardian.com/commentisfree/2020/mar/31/virus-neighbours-covid-19.

59 G. A. García López, »Performing Counter-Hegemonic Common(s) Senses: Rearticulating Democracy, Community and Forests in Puerto Rico«, *Capitalism Nature Socialism*, 28 (2017), 3, S. 88–107.

Bereits existierende Commons

Die Geldwirtschaft ist die Spitze eines Eisbergs, der von immensen Aktivitäten getragen wird, die in freiwilligen, wechselseitigen und gemeinnützigen Formen organisiert sind.[60] Zeitverwendungsstudien aus Australien und anderswo zeigen, dass ebenso viele Stunden für (größtenteils von Frauen geleistete) Haushalts- und Betreuungsarbeit aufgewendet werden wie für Lohnarbeit.[61] Die Soziolog*innen Joana Conill, Manuel Castells und ihre Kolleg*innen haben 2010 in Katalonien herausgefunden, dass Menschen bedeutende Zeitanteile für Aktivitäten aufwenden, die nicht mit einem monetären Austausch verbunden sind: gegenseitige Gefälligkeiten, Reparaturen am eigenen Haus oder an Autos von Freund*innen, Anbau oder Zubereitung von Lebensmitteln, Engagement in freiwilligen Organisationen.[62] Was geschieht, wenn Regierungen die enormen Investitionen, die zur Stärkung der Geldwirtschaft getätigt werden, durch eine zunehmende Wertschätzung und Unterstützung von Fähigkeiten, Werten und Strategien ausgleichen, die bei der Organisation von Kinderbetreuung, der gemeinsamen Nutzung selbst angebauter Produkte, der kontinuierlichen Pflege kranker und älterer Angehöriger oder der Reinigung von Straßen und Parks in der Nachbarschaft zum Tragen kommen?

Diese unbemerkten Gemeingüter bilden die Grundlage für den Wiederaufbau von Ökonomien, die auf andere Ziele als Wachstum ausgerichtet sind. Die Globalisierung einer Monokultur, die auf egoistischer Konkurrenz basiert, scheint unzählige Formen der gegenseitigen Hilfe zu untergraben, die die soziale Entwicklung im Laufe der Geschichte vorangetrieben haben. Eine Vielzahl von verkörperten Common Senses (die einander mitunter auch

60 J. K. Gibson-Graham, »Diverse Economies: Performative Practices for ›Other Worlds‹«, *Progress in Human Geography*, 32 (2008), 5, S. 613–632.

61 L. Benería, G. Berik u. M. Floro, *Gender, Development and Globalization: Economics as if All People Mattered*, Abingdon 2015.

62 J. Conill, M. Castells, A. Cardenas, u. L. Servon, »Beyond the Crisis: The Emergence of Alternative Economic Practices«, in: M. Castells, João Caraça u. Gustavo Cardoso (Hg.), *Aftermath: The Cultures of the Economic Crisis*, Oxford 2012, S. 210–250.

widersprechen) ermöglicht es menschlichen Individuen und Gemeinschaften hingegen, ihre Werte und Ansichten über die sie umgebende Welt anzupassen.

Die gute Nachricht ist, dass dauerhafte ethische Grundsätze und Systeme der Gemeinschafts- und Umweltpflege, die durch das Marktwachstum unterbewertet und ausgebeutet worden sind, neue Formen der Zusammenarbeit hervorbringen. Dabei handelt es sich nicht um isolierte Zufluchtsorte oder Ausstiegsutopien, sondern um Arrangements, die auf unterschiedliche Weise mit der bestehenden Wirtschaft verflochten sind.

Koevolution gemeinschaftlicher Wirtschaften

Die Stadt Barcelona, in der drei von uns leben, ist reich an Gemeinschaftseinrichtungen. Die Katalanische Integrale Kooperative (Catalan Integral Cooperative, CIC) beispielsweise umfasst verschiedene produktive Unternehmungen und Hunderte von Selbstständigen mit einem Jahresbudget von rund 480.000 Dollar.[63] Über ihr Katalanisches Versorgungszentrum liefern Kleinerzeuger*innen monatlich rund 4.500 Pfund Lebensmittel an 21 von den Verbrauchern selbst verwaltete Orte. Die CIC gibt ihre eigene Währung, den Faircoin, aus, der den Mitgliedern als Grundeinkommen zur Verfügung gestellt wird, und sie finanziert neue genossenschaftliche Unternehmungen über ihre sich selbst tragende, zinslos arbeitende Bank, die über 155 Kund*innen und 250.000 Dollar Einlagen verfügt. Das kühnste Projekt der CIC ist die postindustrielle Kolonie Calafou: eine stillgelegte Fabrik mit 28.000 Quadratmetern Fläche, 60 Kilometer außerhalb von Barcelona, die von 22 Mitgliedern gemietet wird und zu 27 Einheiten ausgebaut worden ist, darunter ein Hacklab und ein Seifenproduktionslabor, Schreinereien und mechanische Werkstätten sowie ein professionelles Musikstudio.

Das genossenschaftliche Ökosystem Barcelonas verbindet rund 110.000 Menschen miteinander und unterstützt 6.000 Menschen beim Geldverdienen. Es umfasst 300 Unternehmen im Netzwerk der

63 G. Dafermos, »The Catalan Integral Cooperative, P2P Foundation«, http://p2pfoundation.net/wp-content/uploads/2017/10/The-Catalan-Integral-Cooperative.pdf.

Solidarischen Ökonomie[64] und ermöglicht es Einwohner*innen mit unterschiedlichen politischen und persönlichen Ansichten, einen Teil ihrer Energie für den Aufbau der von ihnen gewünschten Welt einzusetzen. Sie können Mitglied von Som Energia werden, einem Unternehmen, das ihnen zu erschwinglichen Preisen hundertprozentig auf erneuerbaren Energiequellen beruhenden Strom nach Hause liefert. Sie können ein Elektroauto mit Som Mobilitat teilen, sich über Som Connexio mit dem Internet verbinden, die medizinische Grundversorgung über die COS-Gesundheitsgenossenschaft in Anspruch nehmen, in einer von der Architektengenossenschaft Sostre Civic errichteten Wohneinheit leben, sich an einer von Eltern geleiteten Kinderbetreuungsgruppe beteiligen, in einem Gemeinschaftsgarten Gemüse anbauen, durch die Mitgliedschaft in einer Verbrauchergenossenschaft Produkte von örtlichen Landwirt*innen kaufen oder in den als Ateneus bekannten, von Bürger*innen betriebenen Sozialzentren neue Bands hören.

Barcelonas Geschichte des Genossenschaftswesens ist einzigartig, findet aber weltweit Anklang bei anderen Gemeinschaftswirtschaften. In Mississippi hat sich Cooperation Jackson ähnlich wie die CIC entwickelt. In Phoenix Commons, einer selbstverwalteten Wohngemeinschaft für über 55-Jährige in Oakland, Kalifornien, teilen sich die Bewohner*innen Gemeinschaftsräume, einschließlich einer Küche, in der wechselnde Mitglieder gemeinsame Mahlzeiten zubereiten.[65] Weltweit lernen Hunderte von Öko-Kommunen, Transition Towns, Co-Living- und Co-Housing-Gemeinschaften miteinander und gewinnen in nationalen und globalen Verbänden an Stärke.

Menschen, die weniger schädliche und verschwenderische Wege der Nahrungsmittelproduktion und -beschaffung gehen, schließen sich ebenfalls auf verschiedenen Ebenen zusammen. Das internationale Bauernnetzwerk Via Campesina vertritt 182 Klein-

64 Xarxa d'economia solidária de Catalunya, »Informe del mercat social«, 2018, http://mercatsocial.xes.cat/wp-content/uploads/sites/2/2016/04/informe-mercatsocial-2018_final.pdf.

65 A. Leach, »Happy Together: Lonely Baby Boomers Turn to Co-housing«, *The Guardian*, 15. August 2018, https://www.theguardian.com/world/2018/aug/15/happy-together-lonely-baby-boomers-turn-to-co-housing.

bauernorganisationen in 81 Ländern mit dem Ziel, das gemeinsame Lernen, den Austausch und die Organisation von Einzelpersonen und Gruppen zu fördern, die gesunde und nachhaltige Formen der Landwirtschaft praktizieren und erproben.

Grenzen und Zweifel

Schlagen wir vor, neun Milliarden Menschen mit städtischen Gärten zu ernähren, alle in Gemeinschaftsunterkünften unterzubringen und die Kinder der Welt in Nachbarschaftskreisen aufzuziehen? Ganz und gar nicht: Wir ermutigen zur Unterstützung genossenschaftlicher Formen der Produktion, des Konsums und der Fürsorge, um großangelegte öffentliche Arrangements und Formen der privaten Nutzung oder des Eigentums zu ergänzen und zu erneuern.

Das Ziel ist nicht, eine Monokultur durch eine andere zu ersetzen. Es geht darum, Bedingungen zu schaffen, die die Entwicklung lebendiger Möglichkeitsräume mit unterschiedlichen Rhythmen, Zwecken und Größenordnungen unterstützen. Die heutigen politischen Systeme fördern und subventionieren ein wachstumsorientiertes Modell, das auf Privateigentum, Lohnarbeit und marktvermitteltem Konsum beruht, während andere Arrangements unterschätzt, unterversorgt und ausgebeutet werden. Unsere Strategie besteht darin, Werte und Ressourcen neu zu ordnen, um die Entwicklung vielfältiger Lebensgestaltungsprozesse zu unterstützen, die mit unterschiedlichen Logiken arbeiten. Diese Vielfalt ist der Schlüssel zu Resilienz und Anpassung angesichts der historisch-ökologischen Herausforderungen.

Bedeutet unser Plädoyer für Degrowth eine Ablehnung des technischen Fortschritts und damit einen Rückfall in die mühsame Arbeit früherer Zeiten? Im Gegenteil: Wir erkennen die Rolle an, die großmaßstäbliche Hightech-Produktion weiterhin spielen wird, und wir stellen fest, dass auch viele kleinere Prozesse – einschließlich derer, die auf andere Ziele als Wachstum ausgerichtet sind – durch technologische Innovationen gestärkt werden.

In ganz Lateinamerika verbinden Kleinbauern und Kleinbäuerinnen in agrarökologischen Organisationen traditionelle

Praktiken mit modernsten wissenschaftlichen Erkenntnissen.[66] Mitarbeiter*innen von neuseeländischen Zeitbanken nutzen Computerprogramme zur Erfassung und Berechnung von Sachleistungen.[67] Vassilis Kostakis verweist auf Initiativen an der Schnittstelle von digitaler und physischer Produktion, lokaler Herstellung und globalem Design und Vertrieb: L'Atelier Paysan (Frankreich) und Farmhack (USA und Großbritannien) bauen Open-source-Landmaschinen für die Kleinlandwirtschaft; Wikihouse demokratisiert den Bau nachhaltiger, ressourcenschonender Wohnungen; OpenBionics produziert quelloffene Entwürfe für robotische und bionische Geräte; die RepRap-Community entwirft replizierbare Designs für 3D-Drucker.[68]

Diese Beispiele verbinden die jüngsten Innovationen in Wissenschaft und Technik mit althergebrachten Formen menschlicher Organisation in kleinen, dezentralen und lokal verwalteten Produktionsarrangements, die sich um die Minimierung von Hierarchien und Ausbeutung bemühen.

Werden kollektive Formen der Versorgung und Betreuung zur Subventionierung von Wachstumsökonomien ausgenutzt werden? Ja, gemeinsame Aktivitäten, die einen Wert schaffen, können vom Markt erfasst und vereinnahmt werden, da neue Gemeingüter Möglichkeiten für neue Investitionen eröffnen. Der kometenhafte Aufstieg von Netzwerken für das Teilen von Fahrten, Wohnungen, Werkzeugen, Fähigkeiten, Lebensmitteln und Gefälligkeiten ist beispielsweise mit Modellen einhergegangen, die gerechtes Teilen mit gewinnorientierter Ausbeutung verbinden. Beide können dazu beitragen, den Materialverbrauch zu reduzieren, und gleichzeitig neue Machtverhältnisse schaffen. Es besteht auch die Gefahr, dass

66 M. Altieri u. V. Toledo, »The Agroecological Revolution in Latin America: Rescuing Nature, Ensuring Food Sovereignty and Empowering Peasants«, *Journal of Peasant Studies*, 38 (2011), 3, S. 587–612.

67 E. McGuirk, »Timebanking in New Zealand as a Prefigurative Strategy Within a Wider Degrowth Movement«, *Journal of Political Ecology*, 24 (2017), 1, S. 595–609.

68 V. Kostakis u. A. Roos, »New Technologies Won't Reduce Scarcity, But Here's Something That Might«, *Harvard Business Review*, 1. Juni 2018, https://hbr.org/2018/06/new-technologies-wont-reduce-scarcity-but-heres-something-that-might.

Unternehmen und Staaten versuchen werden, Verluste abzufedern, indem sie noch mehr Wohlfahrtskosten auf das nicht kommodifizierte Familien- und Sozialleben abwälzen. In einigen Kontexten wird das Modell, bei dem Frauen unbezahlte Reproduktionsarbeit leisten, um die Lohnarbeit der Männer zu subventionieren, bereits durch ein Modell ersetzt, in dem die unterbezahlte Arbeit von Frauen und Männern durch gemeinsame Anstrengungen bei der Versorgung mit Nahrung, Gesundheitsfürsorge, Kinderbetreuung und Altenpflege subventioniert wird.

Die Versuchung, Gemeinschaften zu romantisieren und soziale Bewegungen zu idealisieren, sollte uns nicht blind machen für die Fälle, in denen gemeinschaftlich organisiertes Handeln Außenstehende ausschließt und Mitglieder tyrannisiert. Kommunale Projekte müssen Inklusion und Exklusion, horizontale und vertikale Beziehungen aushandeln, während sie Spannungen und Widersprüche bei der Konsolidierung gemeinsamer Werte und Bedeutungen angehen. Das Modell, das hier in mehreren Kapiteln entfaltet wird, unterstützt diesen Weg, indem es die fortlaufende Gemeinschaftsbildung mit Veränderungen in den staatlichen Institutionen sowie in persönlichen Praktiken und Werten verknüpft.

In der heutigen Welt koexistieren Organisationsformen, die sich als prä- oder post-Wachstum beschreiben lassen, unweigerlich mit Unternehmen und sozialen Systemen, die zur Unterstützung des Wachstums entwickelt worden sind, was Konflikte und Widersprüche, aber auch Komplementarität verspricht. Machtdynamiken, die in der Wachstumsära entwickelt worden sind, einschließlich Rassismus, Sexismus und Klassismus, werden weiterhin die Reise zu gerechteren Lebensweisen überschatten. Es braucht Zeit, gemeinsames Nachdenken und Mut, um tief verinnerlichte Identitäten und Beziehungen anzupassen. Die Bemühungen, die Mittel ebenso wertzuschätzen wie die Ziele, können Entwicklungen einleiten, die an sich bereits lohnend sind. Selbst Initiativen, die ihre ursprünglichen Ziele nicht erreichen, haben ein Nachleben in Form von Personen, Beziehungen und Netzwerken, die auf dem Weg bereichert und weiterentwickelt worden sind.

Transformation in Richtung Degrowth, Tag für Tag

In den oben vorgestellten Beispielen kommen Menschen zusammen, um praktische und spirituelle Bedürfnisse auf eine Art und Weise zu befriedigen, die das Wohlergehen der Gemeinschaft und der Umwelt in den Vordergrund stellt. Sie passen lange gewachsene Traditionen sowie neue Technologien und Unternehmungen derart an, dass Erfahrungen gespeist und Gemeinschaften kultiviert werden. Wie verändern diese alltäglichen Maßnahmen der Versorgung und Verwaltung Politik und Gesellschaft?

Obwohl die meisten der hier beschriebenen Initiativen nicht im Namen von Degrowth betrieben werden, verstehen wir sie als Vorboten von Degrowth-Übergängen. Erstens sind sie durchdrungen von einem Geist des einfachen Lebens im Rahmen der jeweiligen Möglichkeiten und Gemeinschaften; sie nähren und steigern den Common Sense, mit dem wir dieses Kapitel eröffnet haben. Zweitens sind die Tätigkeiten auf die Bedürfnisse und das Wohlergehen der Arbeiter*innen und Nutzer*innen ausgerichtet, nicht auf die Erzielung von Gewinn. Drittens fördern diese Initiativen Modelle des Gemeinschaftseigentums und der Produktion, die auf Teilen und Zusammenarbeit beruhen. Viertens haben viele von ihnen weniger negative sozioökologische Auswirkungen als die bestehenden Marktsysteme, da sie langsamer arbeiten, weniger Material und Energie verbrauchen und mehr Outputs in die lokale Wirtschaft zurückfließen lassen. Auch wenn sie in Bezug auf den Gewinn weniger produktiv erscheinen mögen, sind diese Initiativen produktiv, da sie Arbeitsplätze schaffen und das Wohlergehen von Mensch und Umwelt verbessern.

Kooperative Experimente nehmen angestrebte Welten vorweg, indem sie reale Optionen ausüben und festigen, auf die Gesellschaften aufbauen können, wenn sozioökologische Krisen eskalieren und Geldwirtschaften ins Wanken geraten. Im folgenden Kapitel skizzieren wir eine Reihe von Maßnahmen, die fruchtbare Bedingungen für die Stärkung verschiedener Versorgungsformen und für die Kultivierung von Common Sense und gemeinsamen Identitäten schaffen können. Die dort vorgeschlagenen institutionellen und strukturellen Veränderungen werden von Menschen angeregt, die bereits auf alternative Weise denken und leben.

Körperliche Praktiken und gemeinsame Erfahrungen sozialisieren die Beteiligten über Generationen hinweg und schulen sie in alternativen Arten des Seins und der Beziehung zueinander. Durch die Bewirtschaftung von Parzellen in städtischen Gärten lernen die Menschen die Herausforderungen und die Saisonabhängigkeit der Lebensmittelproduktion besser zu schätzen. Sie fühlen sich möglicherweise solidarischer mit Landwirt*innen, verschwenden weniger Lebensmittel und sind eher bereit, säsonale Erzeugnisse zu konsumieren. Die Teilnehmer*innen an genossenschaftlichen Projekten können über die Rolle des Kunden oder der Kundin kommerzieller Anbieter*innen hinausgehen; statt sich mit Beschwerden an entfernte Autoritäten zu wenden, werden sie zu Beteiligten an der Schaffung der Bedingungen, unter denen sie leben wollen.

Durch regelmäßige körperliche Übungen bauen wir Menschen ein Muskelgedächtnis auf. Unsere Sprach-, Übungs- und Denkmuster prägen die Entwicklung unseres Gehirns. Indem wir unseren Körper und unseren Geist auf bestimmte Art und Weise trainieren und andere dazu anregen, dies ebenfalls zu tun, bringen wir uns selbst und neue Generationen kontinuierlich hervor. Große und kleine Anpassungen der Denk-, Handlungs- und Interaktionsgewohnheiten wirken auf geheimnisvolle Weise auf einen institutionellen und paradigmatischen Wandel hin.

In dem Maße, wie sich kollektive Körper und Köpfe verändern, wird das Persönliche politisch. Der freiwillige Wechsel des oder der Einzelnen von einem Shopping-Wochenende im Ausland zum Olivenpflücken mit Freund*innen in einem gemeinschaftlich bewirtschafteten Hain, von einem Fernsehabend zu einem Spielabend mit Kindern aus der Nachbarschaft wird die globale Wachstumsmaschine vielleicht nicht direkt verlangsamen oder den Klimawandel umkehren. Neue Gewohnheiten verändern jedoch die Art und Weise, wie wir unser menschliches Potenzial Tag für Tag entfalten. Damit beeinflussen sie das Umfeld, in dem Familien, Nachbar*innen, Schüler*innen, Kolleg*innen und andere kontinuierlich ihr jeweiliges Potenzial entfalten. Die Schaffung neuer Arten von Menschen und Beziehungen ist für jeden kulturellen Wandel und Übergang von grundlegender Bedeutung.

Bahnbrechende Reformen

Politische und institutionelle Veränderungen sind sowohl Ergebnisse als auch Triebkräfte der Koevolution. Gesellschaften, in denen der Common Sense bereits ein auf Wohlbefinden ausgerichtetes Leben mit geringen ökologischen Auswirkungen fördert, unterstützen Reformen im Sinne von Degrowth. Im Gegenzug schaffen rechtzeitige und entscheidende politische Interventionen Räume, in denen sich Degrowth-orientierte Common Senses und Commons-Infrastrukturen entwickeln können.

In diesem Kapitel schlagen wir fünf Arten von Reformen vor, die zusammenwirken können, um eine Zukunft zu fördern, in der die Menschen weniger arbeiten, produzieren und konsumieren, mehr teilen, mehr Freizeit genießen und mit Würde und Freude leben. Diese Politikpakete sind: erstens ein Grüner New Deal ohne Wachstum, zweitens ein Grundeinkommen in Verbindung mit Dienstleistungen, drittens Maßnahmen zur Rückgewinnung der Commons oder Allmende, viertens Arbeitszeitverkürzung und fünftens schließlich eine Haushaltspolitik, die die ersten vier Punkte unterstützt. In Anerkennung der Tatsache, dass es diese Vorschläge in verschiedenen kulturellen, geografischen und politischen Kontexten sowie auf verschiedenen Ebenen unterschiedlich zu gestalten und umzusetzen gilt, werden sie hier in einer für die OECD-Länder relevanten Weise skizziert.

Wir gehen von Vorschlägen aus, über die Menschen bereits nachdenken oder die bereits erprobt und dabei allmählich zum Common Sense werden. Nach unserer umfassenden Kritik an den Wachstumssystemen mag es antiklimaktisch erscheinen, dass wir uns mit Programmen befassen, die derzeit von den politischen Parteien in verschiedenen Ländern vorgelegt werden. Erstens ist es jedoch ein Plus und kein Minus, wenn man auf Programmen aufbaut, in die bereits ernsthafte Überlegungen, Diskussionen und Experimente eingeflossen sind. Zweitens mögen diese Vorschläge moderat sein, wenn sie zur Förderung von Zielen wie der Stabilisierung oder Ökologisierung von Wachstumsgesellschaften eingesetzt werden; sie werden jedoch radikal, wenn wir sie auf ein Wirtschaften ohne Wachstum ausrichten. Eingebunden in Missionen zur Aufrechterhaltung des Wohlstands bei gleichzeitiger Reduzierung des Ressourcenverbrauchs und der Umweltschäden, würden diese Reformen die Struktur des Systems selbst verändern.

Ein neuer Green New Deal ohne Wachstum

Die in den USA, der EU und weltweit vorgeschlagenen Green New Deals (GNDs) integrieren soziale und wirtschaftliche Reformen und öffentliche Bauprojekte, um sozioökonomische und ökologische Herausforderungen gleichzeitig anzugehen. Unsere Degrowth-Vision deckt sich mit dem integrierten Ansatz der GNDs und mit den meisten der Ziele, die in der hier zusammengefassten Resolution des US-Kongresses für 2019 genannt werden: (a) Erreichen von Netto-Null-Treibhausgasemissionen durch einen fairen und gerechten Übergang; (b) Schaffung von Millionen guter und gut bezahlter Arbeitsplätze sowie Gewährleistung von Wohlstand und wirtschaftlicher Sicherheit für alle Menschen; (c) Investitionen in Infrastruktur und Industrie, um die Herausforderungen des 21. Jahrhunderts nachhaltig zu bewältigen; (d) Sicherstellung folgender Güter für alle Menschen und alle kommenden Generationen: saubere Luft und sauberes Wasser; Klima- und gemeinschaftliche Resilienz; gesunde Lebensmittel; Zugang zur Natur; eine nachhaltige Umwelt; (e) Förderung von Gerechtigkeit und Gleichheit durch Beendigung der gegenwärtigen, Verhinderung der zukünftigen und Behebung der historischen Unterdrückung von unmittelbar betroffenen und gefährdeten Gemeinschaften.[69]

Es bestehen jedoch einige grundlegende Unterschiede zwischen GND-Vorschlägen und Degrowth. In den aktuellen Diskussionen verknüpfen die Fürsprecher*innen eines Green New Deal das Erreichen ihrer Ziele mit grünem Wachstum und Wohlstand, was allgemein als Steigerung des Einkommens und des materiellen Wohlstands verstanden wird. Im Gegensatz dazu erkennt

69 House Resolution, 116th Congress, 1st Session, https://www.congress.gov/bill/116th-congress/house-resolution/109/text.

Degrowth an, dass mehr Einkommen für alle steigende Bruttoinlandsprodukte bedeutet, die mit erhöhten Umweltschäden einhergehen. Der Vorschlag eines GND für Europa macht auf dieses Dilemma aufmerksam, indem er auch dazu aufruft, »das Dogma des endlosen Wachstums zu überwinden«, das BIP-Wachstum als primäres Maß für den Fortschritt aufzugeben und sich stattdessen dem zu widmen, was zählt: »Gesundheit, Glück und Umwelt«.[70]

Degrowth und GNDs teilen das Engagement für den raschen und massiven Einsatz erneuerbarer Energien, die Dekarbonisierung des Verkehrs und der Landwirtschaft, die Sanierung und Bereitstellung neuer kohlenstofffreier, erschwinglicher Wohnungen sowie Wiederaufforstung und ökologische Wiederinstandsetzung. Degrowth geht jedoch noch weiter und erkennt an, dass selbst ein Ausbau erneuerbarer Energien in Wachstumsländern mit steigenden Kosten und Risiken verbunden ist. Um eine gerechte Verteilung von Kosten und Nutzen zu fördern, auch für Communities, in denen Energiequellen angesiedelt sind oder Materialien abgebaut werden, sieht der Plan für den europäischen GND eine Kommission für Umweltgerechtigkeit vor. Zur Unterstützung dieses Vorhabens fördert Degrowth auch den grundlegendsten Weg zur Senkung der sozioökologischen Kosten: die Reduzierung des Gesamtenergieverbrauchs.

Die Befürchtung, die Energiewende könne Arbeitsplätze und Einkommen in Sektoren, die von fossilen Brennstoffen abhängig sind, vernichten, hat starken politischen Widerstand hervorgerufen. Als Reaktion auf diesen Druck betonen die Befürworter*innen der Energiewende deren Potenzial, als gesamtwirtschaftlicher Impulsgeber zu fungieren und neue Arbeitsplätze sowie neuen Konsum in grünen Sektoren zu schaffen. Sicherzustellen, dass Arbeitnehmer*innen von schmutzigen auf saubere Industrien umsteigen können, ist auch in Degrowth-Visionen von entscheidender Bedeutung. Statt hoher Einkommen für alle unterstützt unser viertes Politikpaket jedoch eine hohe Beschäftigung ohne Wachs-

70 D. Adler u. P. Wargan, »10 Pillars of the New Green Deal for Europe« (2019), https://www.gndforeurope.com/10-pillars-of-the-green-new-deal-for-europe.

tum, und zwar durch angemessene Löhne und weniger Arbeitsstunden für alle.

Wie können die ehrgeizigen Vorschläge des Green New Deal ohne Wachstum finanziert werden? Unser fünftes Maßnahmenpaket skizziert Optionen für die öffentliche Finanzierung, um die Mittel für alle vier Vorschläge zu erhöhen oder umzuverteilen. Um GNDs zu starten, könnten Regierungen GND-spezifische Anleihen ausgeben, möglicherweise über öffentliche grüne Banken, die mit den Erträgen aus den Projekten selbst zurückgezahlt werden, ohne dass die Wirtschaft als Ganzes wachsen muss.[71] Pensionsfonds könnten in GND-Projekte investieren, sodass das Geld in der öffentlichen Hand bleibt, und die Zentralbanken könnten einen Teil der Anleihen kaufen, was einer umgekehrten quantitativen Lockerung gleichkäme.

Allgemeine Grunddienste und das allgemeine Grundeinkommen

Allgemeine Grunddienste und das allgemeine Grundeinkommen zielen darauf ab, Bedingungen zu schaffen, die allen Mitgliedern der Gesellschaft ein Leben in Würde und Gesundheit ermöglichen. Dabei geht es auch darum, unbezahlte Beiträge zur Gesellschaft anzuerkennen und Anlässe für verschiedene Formen der Zusammenarbeit zu schaffen. Allgemeine Grunddienste sorgen für Bildung und Gesundheitsversorgung für alle sowie für einen erschwinglichen Zugang zu Lebensmitteln, Wohnraum und öffentlichen Verkehrsmitteln. Ökonomen des Global Prosperity Institute der Universität London haben einen Plan für garantierte Wohnungen, Lebensmittel, Verkehrsmittel und Internetzugang entwickelt, der umgerechnet 2,3 Prozent des britischen BIP kosten würde – ein Betrag, der durch die Abschaffung von zwei Dritteln der derzeit verfügbaren Steuervergünstigungen aufgebracht werden könnte.[72]

Das allgemeine Grundeinkommen ist ein Einkommen, das

71 A. Pettifor, *The Case for the Green New Deal*, New York 2019.

72 UCL Institute for Global Prosperity, »IGP's Social Prosperity Network Publishes the UK's First Report on Universal Basic Services«, 2017, https://www.ucl.ac.uk/bartlett/igp/news/2017/oct/igps-social-prosperity-network-publishes-uks-first-report-universal-basic-services.

an jede*n Einwohner*in einer Kommune, eines Staates oder eines Landes gezahlt wird. Das Grundeinkommen ist per Definition einheitlich und bedingungslos und ersetzt das Stigma und die bürokratischen Ineffizienzen, die mit den derzeitigen, auf Nachweisen beruhenden Unterstützungsleistungen wie etwa der Arbeitslosenhilfe verbunden sind. In OECD-Wirtschaften könnte ein Grundeinkommen für Erwachsene, das auf 15 bis 22,5 Prozent des durchschnittlichen Pro-Kopf-Einkommens festgesetzt wird, durch eine moderate Erhöhung der Steuern für die reichsten 10 bis 15 Prozent und die Abschaffung der durch das Grundeinkommen ersetzten Leistungen finanziert werden.[73]

Louise Haagh stellt fest, dass das Grundeinkommen von bemerkenswert unterschiedlichen ideologischen Positionen aus befürwortet und mit unterschiedlichen politischen Maßnahmen in Verbindung gebracht worden ist.[74] Karl Widerquist, der sich seit Langem für ein Grundeinkommen einsetzt, um gegenüber ausbeuterischen Arbeitsverhältnissen die »Freiheit, Nein zu sagen« zu stärken, hat verschiedene Konzepte und Ansätze sowie die Lehren aus laufenden Experimenten in Kanada, Finnland, Kenia, den USA und Großbritannien ausgewertet.[75]

Es kommt darauf an, wie und zu welchen Zwecken Grundeinkommen eingeführt werden. Einige Ansätze zielen darauf ab, durch eine Milderung der Armut und Steigerung der Produktivität das Wirtschaftswachstum zu subventionieren. Degrowth deckt sich mit anderen Ansätzen, die auf materielle Bedingungen abzielen, die den Einzelnen von ausbeuterischen Arbeitsverhältnissen befreien, den Wandel weg von umweltschädigenden Regimen unterstützen und dazu beitragen,[76] über den Kampf zwischen Arbeitsplätzen und Umwelt hinauszugehen und eine Politik zu

73 J. Arcarons, D. Raventós u. L. Torrens, »Una Propuesta de Financiación de una Renta Básica Universal en Plena Crisis Económica«, *Sin Permiso* III, Monografico Renta Basica, 2013.

74 L. Haagh, *The Case for Universal Basic Income*, Cambridge 2019.

75 K. Widerquist, *A Critical Analysis of Basic Income Experiments for Researchers, Policymakers, and Citizens*, London 2018.

76 D. Raventós, *Basic Income: The Material Conditions of Freedom*, London 2007.

verfolgen, die lebensfähige Existenzen mit einer nachhaltigen Welt verbindet.[77] Im Dialog mit radikalen Feminist*innen schlagen wir ein allgemeines Pflegeeinkommen vor, das auf anderen Ausprägungen des allgemeinen Grundeinkommens aufbaut, sich aber dadurch unterscheidet, dass es die soziale Anerkennung der unbezahlten und stark geschlechtsspezifischen Betreuungsarbeit in den Vordergrund stellt, die wir alle leisten, um das Leben und das Wohlergehen von Haushalten und Gemeinschaften aufrechtzuerhalten.[78] Das Pflegeeinkommen versucht, Gerechtigkeit und Solidarität zu fördern, indem es das allgemeine Grundeinkommen als eine aus dem gemeinsamen Reichtum gespeiste Investition in unserer aller Fähigkeit begreift, für uns selbst, unsere Verwandten und andere zu sorgen.

Im Mittelpunkt von Degrowth steht das kollektive Bestreben, das Leben durch eine sinnvolle materielle Unterstützung, die nicht auf Profit ausgerichtet ist, lebenswert und angenehm zu gestalten. Allgemeine Grunddienste und das allgemeine Grundeinkommen unterstützen Degrowth-Transformationen, indem sie den Wohlstand der Nationen durch andere Mittel als Marktmechanismen verteilen und während des Übergangs zu langsameren und weniger marktorientierten Wirtschaftsweisen eine bescheidene materielle Sicherheit für alle gewährleisten. Diese Maßnahmen fördern gemeinsam genutzte Dienstleistungen, etwa öffentliche Verkehrsmittel, die für die Verringerung des Ressourcenverbrauchs und der Kohlenstoffemissionen von entscheidender Bedeutung sind, und sie tragen dazu bei, Scheinkonflikte zwischen der Schaffung von Arbeitsplätzen und dem Erhalt der Umwelt zu überwinden. Schließlich erweitern allgemeine Grunddienste und das allgemeine Grundeinkommen die Freiheit der Menschen, unterschiedliche Lebensstile zu erkunden und zu entscheiden, wie sie ihre Zeit und ihre Fürsorge einsetzen wollen.

77 M. Lawhon u. T. McCreary, »Beyond Jobs vs. Environment: On the Potential of Universal Basic Income to Reconfigure Environmental Politics«, *Antipode*, 52 (2020), 2, S. 452–474.

78 G. D'Alisa u. C. Cattaneo, »Household Work and Energy Consumption: A Degrowth Perspective: Catalonia's Case Study«, *Journal of Cleaner Production*, 38 (2012), S. 71–79.

Wiederaneignung der Commons

Die lokale und nationale Politik haben wahre Wunder bewirkt, als es um die Kommerzialisierung und Privatisierung von beinahe allem ging. Sie können ebenso gut zur Förderung kooperativer Produktion, Versorgung und Lebensführung beitragen.

Dienstleistungen wie Wasser, Energie, Abfallwirtschaft, Transport, Bildung, Gesundheit oder Kinderbetreuung könnten kommunal oder im Rahmen von Verbrauchergenossenschaften angeboten werden statt durch gewinnorientierte Unternehmen. Der Konkurs der Pacific Gas and Electric Company im Jahr 2019, nach den Bränden in Kalifornien, hat zu Vorschlägen für ein kundeneigenes Versorgungsunternehmen geführt, bei dem die Nutzer*innen in den Vorstand berufen werden, der die Geschäftsführung des Unternehmens überwacht, und die Kosten drastisch gesenkt werden, da keine Dividenden an die Anteilseigner*innen ausgeschüttet werden müssen. Wenn beispielsweise das Versorgungs- und Wohnungswesen nicht mehr der Gewinnerzielung dienen, können sie schrittweise als Gemeingüter neu konzipiert werden, die durch gemeinschaftliche Verwaltung produziert und erneuert werden.

Barcelona ist eine von vielen Städten, die aktiv an der Förderung von Gemeingütern arbeiten. Die Bürger*innenplattform Barcelona En Comú (»Barcelona gemeinsam«, engl. Barcelona in Common oder BiC), die die Stadt seit 2015 regiert, hat den Schwerpunkt einer städtischen Innovationsagentur, Barcelona Activa (ursprünglich ein Inkubator für Privatunternehmen), in Richtung der Förderung von Humanressourcen und Netzwerken zur Unterstützung der Solidarwirtschaft und gemeinwohlorientierter Unternehmen erweitert. In der Regierung hat die Plattform die Standards für das öffentliche Beschaffungswesen angepasst, um der Nachhaltigkeit und der sozialen Verantwortung den Vorrang einzuräumen; sie hat ein Gesetz erlassen, wonach 30 Prozent aller neuen Wohnungen Sozialwohnungen zu sein haben, dadurch 1.222 neue, preisgünstige Wohnungen schaffend; sie hat Miteigentumsmodelle für neue Sozialwohnungen gefördert, die auf städtischem Grund und Boden gebaut werden; sie hat das Radwegenetz auf 250 Kilometer erweitert und ungenutzte öffentliche Flächen an lokale Genossenschaften abgetreten. Ein städtischer Stromversorger, Barcelona Energía, ist gegründet worden, um den auf städtischen Grundstücken erzeugten Solarstrom für die Versorgung öffentlicher Gebäude zu nutzen. Räume können durch eine Reihe von Maßnahmen für die Öffentlichkeit zurückgewonnen und gegebenenfalls in Gemeingüter umgewandelt werden, einschließlich der Aufhebung früherer Maßnahmen, die darauf abzielten, öffentlichen Raum zu privatisieren und davon zu profitieren. Beispiele hierfür sind die Umwandlung ungenutzter Grundstücke in Plätze oder Parks, die Beseitigung von Gebühren und Hindernissen für den Zugang zu Naturgebieten (Küsten, Wälder, Berge), die Rückgewinnung ungenutzter öffentlicher oder aufgegebener Privatgebäude zur Nutzung durch Nachbarschaftsvereinigungen oder Genossenschaften. Kostengünstige Innovationen können zu bemerkenswerten Verbesserungen des Wohlbefindens führen. Man denke nur an das Superblock-Programm in Barcelona: ein Netz von Hauptstraßen, die 400 mal 400 Meter große Polygone bilden und für motorisierte Fahrzeuge gesperrt sind. Ein Superblock kostet nicht viel mehr als ein paar Verkehrsschilder, verbessert die Lebensqualität und die Gesundheit der Einwohner*innen und stimuliert die Lokalwirtschaft.[79]

In unterschiedlichen Kontexten und auf verschiedenen Ebenen können Gesetze, Subventionen und Steuererleichterungen, die derzeit auf die Förderung privater Gewinne ausgerichtet sind, zur Unterstützung sozialer und solidarischer Unternehmen und Genossenschaften umgestaltet werden. Zu den Optionen gehören die Formalisierung der Rechtsprechung, Schulungen und Unterstützung für gemeinwohlorientierte Neugründungen, deren Bevorzugung bei der öffentlichen Auftragsvergabe, die Einrichtung von Fonds bei ethischen Banken, Steuer- oder Sozialversicherungserleichterungen, die Überführung bankrotter Unternehmen in Arbeiter*inneneigentum und vieles mehr.[80]

79 M. Bausells, »Superblocks to the Rescue: Barcelona's Plan to Give Streets Back to Residents«, *The Guardian*, 17. Mai 2016, https://www.theguardian.com/cities/2016/may/17/superblocks-rescue-barcelona- spain-plan-give-streets-back-residents.

80 Xarxa d'economia solidária de Catalunya (XES), »15 mesures cap a l'Economia Social i Solidária als municipis«, http://xes.cat/wp-content/uploads/2019/04/15mesures_2019.pdf.

Einige unserer wichtigsten Gemeingüter sind die Sanitär-, Gesundheits- und Pflege-Gemeinschaften, die uns vor Krankheiten und Epidemien schützen. In diesen Bereichen legt Degrowth den Schwerpunkt auf Netzwerke der Pflege, Solidarität und Unterstützung, sowohl auf lokaler als auch auf überlokaler Ebene, auf gut finanzierte öffentliche und genossenschaftliche Gesundheitssysteme, einschließlich präventiver Pflege, auf ganzheitliche Gesundheit mit Schwerpunkt auf einer gesunden Umwelt und gesunden und erschwinglichen Lebensmitteln sowie auf Maßnahmen zur Verringerung von Ungleichheiten, die eine Hauptursache für die Anfälligkeit für gesundheitliche und andere Probleme sind.

Arbeitszeitverkürzung

Die Produktivität ist im letzten Jahrhundert sprunghaft angestiegen, da technische, informationstechnische und organisatorische Innovationen sowie die Nutzung fossiler Brennstoffe den Output jeder menschlichen Arbeitsstunde vervielfacht haben. Heute produzieren die nordamerikanischen und westeuropäischen Gesellschaften mehr als genug für alle (auch wenn die schlechte Verteilung einen Teil der Bürger*innen daran hindert, ihre Grundbedürfnisse zu befriedigen). Diese Überproduktion führt zu dem verzweifelten Versuch, durch Marktexpansion, Stilwechsel und geplante Obsoleszenz mehr Nachfrage zu erzeugen. Die Befreiung vom Wachstumsimperativ ermöglicht es den Gesellschaften, attraktivere Antworten auf die Überproduktion zu finden: Reduzierung der Arbeitsstunden für die Marktproduktion und Förderung selbstregulierter Gemeinschaftsinitiativen.

Automatisierung und künstliche Intelligenz müssen nicht zu Arbeitsplatzverlusten führen. Die Verringerung der Wochenarbeitszeit der bereits Beschäftigten eröffnet mehr Möglichkeiten für Arbeitssuchende. Dieser Schritt mindert Stress und Ängste in zweierlei Hinsicht: Er mindert die Erschöpfung bei denen, die zu viel arbeiten, und die Unsicherheit bei denen, die zu wenig Arbeit haben.

In der Vergangenheit haben gewerkschaftlich mobilisierte Arbeitnehmer*innen mit den aufeinanderfolgenden Produktivitätssteigerungen regelmäßig Lohnerhöhungen und Arbeitszeitverkürzungen erreicht. Die in den letzten Jahrzehnten umgesetzten strukturellen Veränderungen haben jedoch dazu geführt, dass sich die meisten Produktivitätsgewinne in Unternehmensprofiten und Aktionärsdividenden niedergeschlagen haben, während in vielen Ländern die Durchschnittslöhne stagnieren und die Durchschnittsarbeitszeit gestiegen ist. Staatliche und unternehmenspolitische Maßnahmen können diesen Trend umkehren, indem sie die Arbeitszeit durch längeren bezahlten Urlaub, Eltern- und Familienpflegezeit, Sabbaticals, kürzere tägliche Arbeitszeiten, Vier-Tage-Wochen oder die Erleichterung von Teilzeitarbeit verkürzen.[81] Gesetzliche Schutz- und Aufsichtsmaßnahmen können eine menschenwürdige Begrenzung besonders belastender Arbeit unterstützen. In den USA hat sich beispielsweise der Rhythmus des kommerziellen LKW-Fahrens erheblich verändert, nachdem die Federal Motor Carrier Safety Administration die zusammenhängenden Lenkzeiten begrenzt und vorgeschriebene Pausen eingeführt hat, deren Einhaltung durch Fahrzeugcomputer überwacht wird.[82]

Die Reduzierung von fossilen Brennstoffen, Düngemitteln und anderen umweltschädlichen Inputs wird in einigen Bereichen zu einem Produktivitätsrückgang führen, was bedeutet, dass mehr Arbeitsstunden anfallen werden, um die gleiche Gütermenge zu produzieren. Hier verbinden sich die Degrowth-Ziele der Produktions- und Verbrauchsreduzierung mit denen der Energiewende, fairer Beschäftigung und dem Wohlergehen von Mensch und Umwelt. Die Verkürzung der Gesamtarbeitszeit verringert die Umweltauswirkungen, einschließlich der Kohlenstoffemissionen.[83] Je weniger wir arbeiten, desto weniger produzieren und konsumieren wir und desto mehr Zeit haben wir für nicht monetarisierte Tätigkeiten

81 N. Ashford u. G. Kallis, »A Four-Day Workweek: A Policy for Improving Employment and Environmental Conditions in Europe«, *European Financial Review*, April/Mai 2013, S. 53–58.

82 Federal Motor Carrier Safety Administration (FMCSA), »Summary of Hours of Service Regulations«, 2017, https://www.fmcsa.dot.gov/regulations/hours-service/summary-hours-service-regulations.

83 K. W. Knight, E. A. Rosa u. J. B. Schor, »Could Working Less Reduce Pressures on the Environment? A Cross-National Panel Analysis of OECD Countries, 1970–2007«, *Global Environmental Change*, 23 (2013), 4, S. 691–700.

wie Freizeit, Fürsorge und gemeinschaftliches Engagement, die zu einer gesunden und widerstandsfähigen Gesellschaft beitragen.

Wer befürchtet, die Menschen könnten ihre zusätzliche Freizeit mit Einkaufen, exotischen Urlauben, Computerspielen oder anderen mit einem höheren Energie- und Ressourcenverbrauch verbundenen Tätigkeiten zubringen, unterschätzt, wie phantasievoll und einfallsreich Menschen sein können, wenn sie Zeit und Energie haben, um nachzudenken und etwas zu erschaffen, so wie es viele von uns bereits als Kinder getan haben. Die Erhebung von Kohlenstoffabgaben kann die Attraktivität von Erholungsindustrien mit hoher Umweltbelastung verringern, während öffentliche Feste und Sportveranstaltungen kulturelle Bedingungen schaffen können, um die gemeinsam mit anderen verbrachte Zeit zu genießen.

Grüne und ausgleichende öffentliche Haushalte

Wie können die hier diskutierten Maßnahmen ohne Wirtschaftswachstum finanziert werden? Eine Verlagerung der politischen Prioritäten weg von der Steigerung der Gewinne und des BIP eröffnet viele Optionen für die Umstrukturierung staatlicher Einnahmen und Ausgaben.

Kohlenstoffabgaben und -dividenden, wie sie in Kanada und der Schweiz bereits eingeführt worden sind, wirken sowohl auf die Verringerung der Treibhausgasemissionen als auch auf die Erzielung gemeinsamer Einnahmen hin.[84] Analyst*innen schätzen, dass Abgaben in Höhe von 100 Dollar pro Tonne in den Vereinigten Staaten positive Auswirkungen hätten.[85] Die aus solchen Abgaben erzielten »Klimaeinnahmen« könnten über öffentliche Programme, wie die Finanzierung der oben beschriebenen Grunddienste und des Grundeinkommens, verteilt und/oder in Form von Gutschriften an den Einzelnen zurückgegeben werden. Einige Vorschläge sehen ein Gleichgewicht zwischen Gebühren und Dividenden vor, sodass Gutverdiener*innen mehr Kohlenstoffkosten

84 J. Boyce, *The Case for Carbon Dividends*, Cambridge 2019.

85 D. Roberts, »The 5 Most Important Questions About Carbon Taxes, Answered«, 2019, Vox, https://www.vox.com/energy-and-environment/2018/7/20/17584376/carbon-tax-congress-republicans-cost-economy.

auferlegt werden und das Nettoeinkommen von Menschen mit unterdurchschnittlichen Einkommen steigt.

Die erfolgreiche Einführung von Kohlenstoffabgaben wird zu weniger Kohlenstoffemissionen führen, was gut für den Planeten ist, aber im Laufe der Zeit auch weniger Einnahmen bringen, da die Kohlenstoffemissionen zurückgehen. Dieser absehbare Rückgang kann durch planmäßige Erhöhungen der Gebühren pro Einheit und durch schrittweise Verschiebungen der Prioritäten bei den Staatsausgaben ausgeglichen werden. Allein die Beendigung der Subventionen für die Exploration und Ausbeutung fossiler Brennstoffe wird erhebliche Ressourcen freisetzen. Da Bürger*innen und Politiker*innen zunehmend Ausgaben infrage stellen, die mit der Absicht getätigt werden, das BIP-Wachstum anzukurbeln (z. B. Unternehmenssubventionen, Zuschüsse für pharmazeutische Entwicklung oder Verteidigungsausgaben – Letztere allein beliefen sich in den USA 2019 auf rund 700 Milliarden Dollar),[86] können Regierungen ihre Ausgaben auf ihre wertvollste Ressource umlenken: gesunde, glückliche Menschen.

Wir müssen aufhören, das zu besteuern, was zum Erhalt der Gesellschaft beiträgt (die Arbeit der Menschen), und stattdessen das besteuern, was die Gesellschaft zerstört (Umweltverschmutzung und Ungleichheit). Strategische Steuern können auf Wasser- und Luftverschmutzung, giftige Abfälle und Emissionen oder den Abbau von Ressourcen erhoben werden. Steuern können dazu beitragen, den Konsum von Produkten einzuschränken, die für den Planeten oder seine Bewohner*innen ungesund sind: Fleisch, zuckerhaltige Erfrischungsgetränke, Plastik, häufiges Fliegen. Und während Mehrwert- und Verkaufssteuern regressiv sein können, können Luxussteuern (etwa auf SUVs, Yachten, Privatjets) als Einnahmequelle, als Geste der Fairness und als Mittel zur Eindämmung von Status signalisierendem Konsum und Ressourcenverbrauch dienen.

Ungleichheit kann durch global koordinierte progressive Vermögenssteuern gemildert werden, wie sie Thomas Piketty für Ka-

86 Office of the Under Secretary of Defense, »National Defense Budget Estimates for FY 2020«, https://comptroller.defense.gov/Portals/45/Documents/defbudget/fy2020/FY20_Green_Book.pdf.

pital, große Erbschaften und Nachlässe vorschlägt, zusammen mit einer globalen Steuer auf Finanztransaktionen und Transaktionsgewinne.[87] Von zentraler Bedeutung sind auch progressive Einkommenssteuern, wie sie durch den ursprünglichen New Deal eingeführt wurden, der in den USA zu einer Periode ungewöhnlicher wirtschaftlicher Gleichheit und intergenerationeller Mobilität beitrug. Zwischen 1936 und 1980 lagen die höchsten Einkommenssteuersätze für US-Einwohner*innen zwischen 70 und 91 Prozent.[88] Heute ist für solche Steuern eine internationale Regulierung von Steuerparadiesen und Steueroasen erforderlich, um einen Wettlauf nach unten zwischen Ländern zu vermeiden, die niedrige Steuersätze nutzen, um Milliardär*innen anzuziehen.[89]

Höhere Mindest- und Durchschnittslöhne ermöglichen eine gerechtere Einkommensverteilung, wie auch das Recht der Arbeitnehmer*innen, sich zu organisieren und zu verhandeln. Vielleicht noch wichtiger sind Beschränkungen des Maximaleinkommens durch Grenzwerte oder stark progressive Steuern, die eine gemeinsame »Genug-ist-genug«-Haltung fördern.[90] Ein internationaler Standard namens Wagemark wird bereits von Unternehmen, gemeinnützigen Organisationen und Regierungsbehörden verwendet, um zu bescheinigen, dass das Verhältnis zwischen den höchsten und den niedrigsten Einkommen nicht mehr als 8:1 beträgt.[91] Und 2016 stimmte die Stadt Portland, Oregon, dafür, hohe Zuschläge für Unternehmen zu erheben, die die festgelegten Quoten überschreiten.[92]

87 T. Piketty, *Das Kapital im 21. Jahrhundert*, München 2016; E. Saez u. G. Zucman, *The Triumph of Injustice: How the Rich Dodge Taxes and How to Make Them Pay*, New York 2019.

88 Tax Policy Center, Urban Institute u. Brookings Institution, »Historical Highest Marginal Income Tax Rates«, 2018, https://www.taxpolicycenter.org/statistics/historical-highest-marginal-income-tax-rates.

89 J. Stiglitz u. M. Pieth, »Overcoming the Shadow Economy«, *International Policy Analysis*, November 2016, https://library.fes.de/pdf-files/iez/12922.pdf.

90 S. Pizzigati, *The Case for a Maximum Wage*, Cambridge 2018.

91 Siehe https://www.wagemark.org.

92 G. Morgenson, »Portland Adopts Surtax on C.E.O. Pay to Fight Income Gap«, *New York Times*, 7. Dezember 2016, https://www.nytimes.com/2016/12/07/business/economy/portland-oregon-tax-executive-pay.html.

Sollten diese Steuern und Begrenzungen erfolgreich sein, werden die Ökonomien gerechter, und die besteuerten Schäden verringern sich – beides ist gut für die Gesellschaft und die Umwelt. Gleichzeitig können natürlich die Einnahmen aus diesen Steuern sinken, was sich auf die öffentlichen Haushalte auswirkt. Längerfristige Pläne können die Ausgaben für öffentliche Dienstleistungen senken, indem sie die Auslagerung an gewinnorientierte Unternehmen reduzieren und sich auf kostengünstige Maßnahmen mit hohem Nutzen für das Wohlbefinden konzentrieren (z. B. präventive Gesundheitsversorgung durch Hausärzte anstelle der neuesten und teuersten Krankenhausausstattung). Eine allmähliche Stärkung kostengünstiger Solidaritäts- und Gemeinschaftswirtschaften wird entscheidend sein für den Aufbau einer ebenfalls durch geringe Kosten sowie durch ökologische Tragfähigkeit geprägten Welt, in der Menschen nicht unter schmerzhaften Sparmaßnahmen zu leiden haben, sondern ihr Wohlergehen gemeinsam gestalten können.

Synergien

Diese fünf Politikansätze wirken synergetisch zusammen. Eine Neuausrichtung der Ausgaben kann in Verbindung mit Unternehmens- und Vermögenssteuern Maßnahmen des Green New Deal oder Grunddienste finanzieren. Während Grundeinkommen oder Kohlenstoffdividenden den Konsum bei einigen Menschen anregen könnten, dürften Ressourcensteuern und Kohlenstoffabgaben ökologisch schädliche Entscheidungen verhindern. Eine Politik, die die Lokalwirtschaft stärkt, bietet Möglichkeiten für kreative Energien, die durch reduzierte Arbeitszeiten freigesetzt oder durch ein allgemeines Pflegeeinkommen gesichert werden. In den USA, wo die Möglichkeit, weniger Stunden zu arbeiten, durch eine Politik eingeschränkt wird, die Vollzeitbeschäftigung zur Voraussetzung für den Bezug von Leistungen wie Gesundheitsfürsorge, Rente oder Bildung macht, würde eine allgemeine Grundversorgung Unternehmen, Schulen und anderen die Möglichkeit geben, Personal einzustellen und Arbeit auf sinnvollere Weise zu organisieren.

Unzählige andere politische Veränderungen, die zu positiven Degrowth-Übergängen beitragen könnten, werden hier aus

Platzgründen nicht untersucht. Von grundlegender Bedeutung sind Vorschläge zur Veränderung der Geldsysteme durch die Begrenzung des Bereichs des Allzweckgeldes, die Schaffung von positivem (oder öffentlichem) Geld, das Verbot für Privatbanken, neues Geld durch Kredite zu schaffen, und die Unterstützung von Gemeinschaftswährungen und Zeitbanken.[93] Ebenfalls von grundlegender Bedeutung sind Maßnahmen zur Umgestaltung der Lebensmittelsysteme, um die Verschwendung einzudämmen, die Abkehr von einer fleischlastigen Ernährung und die Förderung von Agrarökologie und gemeinschaftsgestützter Landwirtschaft. Die Wiederbelebung und Neubesiedlung des ländlichen Raums sowie die Wiederherstellung der ländlichen Wirtschaft und Ökologie können ebenfalls entscheidend sein für die Unterstützung eines gesunden Wachstums.

Ein gemeinsamer Planet mit unterschiedlichen Realitäten

Die hier skizzierten Vorschläge gelten für OECD-Länder wie Spanien oder die USA, die wir gut kennen. Einige lassen sich vielleicht auch auf andere Kontexte übertragen. Anstatt jedoch unsere eigenen Erfahrungen auf nichtwestliche oder einkommensschwache Länder zu projizieren, wollen wir eher von Vorschlägen lernen, die deren Gemeinschaften, Zivilgesellschaften und Gruppen für Umwelt und soziale Gerechtigkeit entstammen.

Degrowth ist ein Plädoyer dafür, dass die OECD ihr eigenes Haus in Ordnung bringen sollte, bevor sie dem Rest der Welt, auf dessen Rücken sie gewachsen ist, Anweisungen gibt. Eine Priorität sollte sein, den Fluss von Geld und natürlichen Ressourcen aus Ländern mit niedrigem Einkommen in Länder mit hohem Einkommen zu stoppen. Wie Jason Hickel berichtet, wurde das Zweieinhalbfache der Hilfe, die die Entwicklungsländer 2012 erhalten haben, von den Geberländern im selben Jahr durch Schuldentilgung und

93 A. Hornborg, »How to Turn an Ocean Liner: A Proposal for Voluntary Degrowth by Redesigning Money for Sustainability, Justice, and Resilience«, *Journal of Political Ecology*, 24 (2017), 1; Positive Money, »Escaping Growth Dependency« (2018), https://positivemoney.org/publications/escaping-growth-dependency.

Kapitalflucht wieder angeeignet.[94] Ebenso beträchtlich, wenn auch schwieriger zu beziffern, sind die Subventionen in Form von Humanressourcen, die von Gesellschaften mit niedrigem Einkommen bereitgestellt werden, die Menschen aufziehen, ausbilden und betreuen, damit diese dann als billige Arbeitskräfte für Unternehmen dienen oder in Gesellschaften mit hohem Einkommen abwandern, um dort zu arbeiten. Um den Wertabzug in Richtung reiche Länder zu begrenzen, schlägt Hickel vor, gegen Steuerhinterziehung vorzugehen, Banker*innen und Buchhalter*innen zu bestrafen, die illegale Abzüge erleichtern, und globale Steuern auf Unternehmenseinkommen zu erheben, um Anreize für die Verlagerung von Geldern in die ganze Welt zu beseitigen. Er schließt sich der Forderung vieler anderer an, die überschüssigen Schulden der armen Länder abzuschreiben, unter anderem in Anerkennung der Tatsache, dass hinsichtlich der ökologischen Schäden und Kohlendioxidemissionen die Länder mit hohem Einkommen die Schuldner sind.[95]

Der Weg zu globaler Umweltgerechtigkeit beginnt mit dem Einsatz gegen den Klimakollaps. Eine Verringerung von Produktion und Verbrauch wird zu einer Verringerung der Emissionen führen. Der Degrowth-Kampf gegen den Klimawandel beschränkt sich jedoch nicht auf die Verringerung des BIP. Die Wechselwirkungen zwischen den hier skizzierten Vorschlägen sind von entscheidender Bedeutung: Investitionen in GNDs, die Umsetzung der Energiewende und die Wiederherstellung von Kohlendioxid absorbierenden Ökosystemen; Garantien für kohlenstoffarme öffentliche Dienstleistungen für alle; Kohlenstoffabgaben und -dividenden; Arbeitszeitverkürzungen, die Emissionen reduzieren; und Unterstützung für kohlenstoffarme kommunale Wirtschaftssysteme und Lebensstile.

Zu den verwandten Vorschlägen im Sinne von Degrowth gehören ein Moratorium für die Entwicklung neuer fossiler Brennstoffe, ein Verbot der Werbung für fossile Brennstoffe, der schrittweise

94 J. Hickel, »Aid in Reverse: How Poor Countries Develop Rich Countries«, *The Guardian*, 14. Januar 2017, https://www.theguardian.com/global-development-professionals-network/2017/jan/14/aid-in-reverse-how-poor-countries-develop-rich-countries.

95 J. Martínez-Alier, »Ecological Debt and Property Rights on Carbon Sinks and Reservoirs«, *Capitalism Nature Socialism*, 13 (2010), 1, S. 115–119.

Ausstieg aus der Produktion fossiler Brennstoffe einschließlich eines gerechten Übergangs für Arbeiter*innen in abhängigen Industrien, Abgaben für Vielflieger*innen, ein Verbot des Ausbaus von Straßennetzen und Flughäfen, eine Politik der autofreien Stadt, strenge Emissionsstandards für neue Autos und Kraftwerke, Passivhausstandards für neue Häuser und Effizienzstandards für Mietobjekte.

Neben der Eindämmung negativer Umweltauswirkungen schaffen die hier dargelegten Maßnahmen auch die Voraussetzungen, um auf eine wirtschaftliche Rezession zu reagieren, wobei das Ziel aus der Degrowth-Perspektive nicht darin besteht, das Wachstum wieder anzukurbeln, sondern darin, das Wohlergehen der Menschen auch ohne Wachstum zu erhalten. Ein GND kann die Beschäftigung in gesunden, entwicklungsbedürftigen Teilen der Wirtschaft anregen. Durch Arbeitsteilung kann das abnehmende Arbeitsvolumen auf mehr Arbeiter*innen verteilt werden. Ein Grundeinkommen ist unerlässlich, um die Menschen zu unterstützen und ihnen die Möglichkeit zu geben, für sich selbst und ihre Angehörigen zu sorgen, wenn es zu wirtschaftlichen Verwerfungen kommt, sowie bei Überschwemmungen, Bränden, Stürmen, Epidemien und anderen Katastrophen, deren Zunahme mit dem Klimawandel einhergeht. Der deutliche Rückgang der Ölpreise während der Pandemiekrise ist ein guter Anlass für die Einführung einer Kohlenstoffsteuer.

Viele politische Maßnahmen zur Verringerung der Kohlendioxidemissionen und anderer Formen von Umweltschäden sowie zur Stärkung des Gesundheits- und Pflegebereichs werden durch die Befürchtung einer Verlangsamung der Wirtschaft vereitelt. Um zu vermeiden, dass die Umwelt und die Gesundheit der Menschen auf dem Altar des Wachstums geopfert werden, versuchen wir, Wohlstand und Wohlergehen ohne Wachstum durch die fünf bahnbrechenden Politikansätze zu sichern, die in diesem Kapitel beschrieben worden sind. Die Umsetzung dieser Reformen ist eine gewaltige Aufgabe, und sie ist sogar noch gewaltiger, wenn man sich vorstellt, dass die Wirtschaft schrumpft und nicht wächst. Wer wird sich organisieren, um eine derart radikale Agenda durchzusetzen, und wie? Wer werden die Verbündeten sein? Welche Möglichkeiten und Hindernisse gibt es im derzeitigen politischen Feld? Mit diesen und anderen strategischen Fragen befassen wir uns als Nächstes.

Mobilisierungsstrategien

Sich die Zukunft vorzustellen ist wichtig. Genauso wichtig ist es, den Übergang von hier nach dort zu organisieren. In diesem Kapitel fragen wir, wie Degrowth-orientierte Veränderungen in Gang gebracht werden können, von wem und für wen. Wir untersuchen die Möglichkeiten und Hindernisse einer Welle kultureller Veränderungen, sozioökonomischer und klimatischer Krisen, zivilgesellschaftlicher Unruhen und politischer Parteidynamiken. Anschließend befassen wir uns mit den Möglichkeiten und Herausforderungen für den Aufbau von Bündnissen zwischen einer Reihe von Akteur*innen, Interessen und Bewegungen, die zu unterschiedlichen Mobilisierungsformen führen könnten.

Erik Olin Wright spricht von drei Transformationsstrategien: Transformation durch Freiräume (Aufbau von Alternativen in den Rissen der bestehenden Systeme), symbiotische Transformation (reformorientierte Arbeit innerhalb bestehender Systeme) und Transformation durch Bruch (Störung oder Auflehnung gegen die herrschenden Systeme).[96] Wie wir in Kapitel 3 gesehen haben, ist der Aufbau von Freiräumen von entscheidender Bedeutung, um die Abhängigkeit vom Wirtschaftswachstum zu verringern und Alltagspraktiken zu verwirklichen, die das gemeinsame Empfinden verändern. Wir sehen vielversprechende Möglichkeiten in Kooperativen, Öko-Kommunen und anderen Arrangements, die wir nicht als Ausstieg aus dem System, sondern als zielgerichtete Praktiken begreifen, die ein gemeinsames Bewusstsein und einen politischen Horizont schaffen, der auf umfassendere Veränderungen ausgerichtet ist. Systemische Reformen, wie sie in Kapitel 4 beschrieben werden, verändern das Spielfeld, um mehr Menschen in die Lage zu versetzen, die notwendigen Veränderungen zu verstehen, anders zu leben und zur gewünschten Gesellschaft beizutragen. Gewaltfreie Aktionen,

96 E. O. Wright, *Reale Utopien: Wege aus dem Kapitalismus*, Frankfurt am Main 2017.

Proteste, Aufstände, Streiks und andere Formen des Konflikts spielen ebenfalls eine wichtige Rolle bei der Verteidigung von Initiativen und der Durchsetzung weiterer Reformen.

Unsere Strategie ist daher eine koevolutive, die persönliches, gemeinschaftliches und politisches Handeln mit Innovation verbindet. Um politische Maßnahmen umzusetzen und die eigene Politik aufrechtzuerhalten, benötigt man eine starke Basis: Menschen, für die Degrowth keine abstrakte Idee ist, sondern das, was sie jeden Tag tun. Daher beginnt unsere Strategie mit der Unterstützung von Gemeinschaftswirtschaften, die die Basis nähren und Identitäten sowie den Common Sense für das langfristige Unterfangen des Aufbaus und Erhalts einer ökologisch nachhaltigen Welt stärken.

Degrowth-Zukünfte rücken von Klassen-, Rassen-, Geschlechter- und kolonialen Hierarchien ab, die zur Stützung des Wachstums entwickelt worden sind. Sie betreiben keine Privilegierung und keinen Ausschluss bestimmter Gruppen. Politische Subjekte bilden sich in der Praxis und in Konflikten heraus, indem sie gemeinschaftliche Ökonomien unterstützen und einen Common Sense praktizieren, der Alternativen für Wohlstand ohne Wachstum vorwegnimmt.

Angesichts des sich beschleunigenden Klimazusammenbruchs, der Ungleichheiten und des Autoritarismus mag das hier vorgeschlagene Tempo des Kulturwandels unangemessen langsam erscheinen. Natürlich müssen wir auch dringende Maßnahmen ergreifen. Doch selbst in einem schrittweisen und kumulativen Prozess müssen sich greifbare Ergebnisse nicht langsam einstellen. Unvorhersehbare Ereignisse können neue Bedingungen schaffen, Möglichkeiten eröffnen oder verschließen und ein neues Licht auf das werfen, was für den Erhalt von Gesellschaften am wichtigsten ist. Kulturelle Anpassungen können Kipppunkte erreichen, nach denen sich der Wandel rasch und disruptiv vollzieht. Einigen Studien zufolge braucht es 25 Prozent der Bevölkerung, um einen sozialen Wandel in Gang zu setzen.[97] Politik, so lehrt uns

97 D. Noonan, »The 25% Revolution – How Big Does a Minority Have to Be to Reshape Society?«, *The Scientific American*, 8. Juni 2018,

Hannah Arendt, initiiert das Unerwartete, das Unvorhergesehene. Innerhalb weniger Monate führte der »Schulstreik für das Klima« eines schwedischen Mädchens zu einer landesweiten, dann globalen Mobilisierung, die die öffentliche Meinung, politische Foren und die täglichen Entscheidungen einer wachsenden Zahl junger (und nicht mehr ganz so junger) Menschen beeinflusst hat.

Öffnungen inmitten der Wachstumsfolgen

Wright betont das Potenzial sozialer Bewegungen, Chancen zu ergreifen, die sich inmitten der unbeabsichtigten Folgen bestehender sozialer Ordnungen ergeben. Klimakrisen eröffnen außergewöhnliche Möglichkeiten für die Mobilisierung zugunsten von GNDs, Kohlenstoffabgaben und -dividenden sowie Lebensstiländerungen. Eine Mehrheit der Menschen im Vereinigten Königreich, darunter fast die Hälfte der konservativen Wähler*innen, unterstützt ein radikales Programm für den Übergang zu einer kohlenstofffreien Wirtschaft bis 2030.[98] Der Verlust von Arbeitsplätzen aufgrund des technologischen Wandels oder aufgrund von Gesundheits- oder Klimakrisen schafft Möglichkeiten für die Durchsetzung eines Grundeinkommens oder von Arbeitszeitverkürzungen, während verheerende Ungleichheit und Armut die Möglichkeit eröffnen, über Vermögenssteuern, Lohnquoten und allgemeine Dienstleistungen nachzudenken. Die Anhäufung von Verbraucher*innen-, Hypotheken- und Student*innenschulden sowie von Staatsschulden macht die Systeme anfällig für organisierte Streiks gegen den Schuldendienst.

Auch kulturelle Veränderungen eröffnen neue Möglichkeiten. Seit Jahrzehnten setzen sich Umweltbewegungen für eine Änderung des Lebensstils ein, doch Hinweise, dass Autofahren und Fleischkonsum Probleme für die Gesundheit von Mensch und Umwelt mit sich bringen, sind als Randgedanken von Hippies

https://www.scientificamerican.com/article/the-25-revolution-how-big-does-a-minority-have-to-be-to-reshape-society.

98 M. Taylor, »Majority of UK Public Back 2030 Zero-Carbon Target – Poll«, *The Guardian*, 7. November 2019, https://www.theguardian.com/environment/2019/nov/07/majority-of-uk-public-back-2030-zero-carbon-target-poll?CMP=Share_iOSApp_Other.

und radikalen grünen Parteien abgetan worden. Heute jedoch sind Fahrradfahren, die Sharing Economy und pflanzliche Ernährung so selbstverständlich geworden, dass sogar McDonald's »Beyond-Meat«-Burger anbietet. Während die traditionellen und neuen sozialen Medien weiterhin einen wettbewerbsorientierten, Status signalisierenden Konsum fördern, werden diese Plattformen zunehmend von Sorgen über die Opfer heimgesucht, die das Wachstum fordert, und zwar nicht nur in Bezug auf Umweltschäden, sondern auch in Bezug auf persönliche Kosten in Form von Geld- und Äußerlichkeitsbesessenheit, Schulden, Unsicherheiten, Einsamkeit, Essstörungen und Sucht.

Menschen auf der ganzen Welt suchen nach besseren Lebens- und Konsummöglichkeiten: 70 Prozent der in 29 Ländern befragten Menschen glauben, dass übermäßiger Konsum unseren Planeten und die Gesellschaft gefährdet, die Hälfte gibt an, dass sie gerne auf das meiste, was sie besitzen, verzichten könnten, und die Befragten berichten, dass das Teilen von allem, von Autos über Schulbücher bis hin zu Ferienhäusern, alltäglich geworden ist.[99] Solche Veränderungen in der Kultur und im allgemeinen Empfinden schlagen sich nicht automatisch in konsequenten persönlichen Praktiken oder einem bestimmten Wahlverhalten nieder. Doch sie schaffen einen fruchtbaren Boden.

Welche zivilgesellschaftlichen Trends schaffen Möglichkeiten, Druck auf die Regierungen auszuüben, um unsere Agenda voranzubringen? Ab 2010 gab es eine Reihe von Protesten und Aufständen, die unter dem Namen »Arabischer Frühling« bekannt wurden und sich zeitgleich mit Occupy Wall Street und der Bewegung der spanischen Indignados entwickelten. Sie drückten ihre Unzufriedenheit mit den bestehenden Regimen durch Forderungen aus, die von dem Aufruf an die amtierenden Regierungen, ihre Politik zu ändern, bis hin zu Versuchen reichten, ganze politische Systeme zu stürzen. Die lokalen Ergebnisse reichten von strukturellen Ver-

99 J. Elks, »Havas: ›Smarter‹ Consumers Will Significantly Alter Economic Models and the Role of Brands« (2014), Sustainable Brands, https://sustainablebrands.com/read/defining-the-next-economy/havas-smarter-consumers-will-significantly-alter-economic-models-and-the-role-of-brands.

änderungen bis hin zu brutaler Unterdrückung. Fast ein Jahrzehnt später gibt es keinen klaren Konsens über die Zusammenhänge und die historischen Ursachen dieser Proteste. Wir glauben, dass unter anderem grundlegende wachstumsbezogene Probleme am Werk waren, einschließlich der Dynamik von Ungleichheit und Ausbeutung und der Achterbahnfahrt von Wachstum und Stagnation.

Als wir dieses Buch Ende 2019 schrieben, brachen unter anderem in Chile, Ecuador, Haiti, Venezuela, Libanon und Frankreich massive Proteste aus. In welche Richtung werden sie sich entwickeln? Auch wenn es keine einzelne, unmittelbare Ursache dieser Bewegungen gibt und keine von ihnen die Degrowth-Fahne schwenkt, sehen wir auch hier die Probleme politischer Ökonomien am Werk, die immer mehr Opfer verlangen und in ihrem Streben nach Wachstum immer gefährlichere Grenzen überschreiten. Beispielsweise kommt es in ganz Lateinamerika zu politischen Unruhen inmitten von Verschuldung und Stagnation, nach einem Jahrzehnt, in dem das Wachstum durch exzessive Rohstoffextraktion (Erdöl, Bergbau, Holz, Soja) angeheizt worden ist und die Regierungen die für dieses Wachstum erbrachten Opfer mit dem Versprechen von mehr Chancen und Wohlstand für alle gerechtfertigt haben.

In dem Maße, in dem degrowth-freundliche Praktiken und Ideen in der Alltagskultur und der Zivilgesellschaft zirkulieren und Fuß fassen, reifen die Bedingungen für ihren Ausdruck in der offiziellen Politik. Ideen, über die gesprochen wird und deren Umsetzung von den Wähler*innen gewünscht wird, werden von einigen politischen Parteien aufgegriffen und vorangetrieben, während sie von anderen angegriffen werden.

Das allgemeine Degrowth-Konzept ist in EU-Kommissionen und im britischen Unterhaus erörtert worden;[100] zugleich werden Aspekte der Degrowth-Agenda in verschiedenen politischen Bereichen vorangetrieben. Die regierende neuseeländische Labour-Partei beispielsweise hat sich ausdrücklich dafür ausgesprochen, dem Wohlbefinden Vorrang vor dem BIP-Wachstum einzuräumen. Sie hat daher ihren Haushalt auf die Förderung der geistigen und

100 F. Demaria, »When Degrowth Enters the Parliament«, Ecologist, 16. Januar 2017, https://theecologist.org/2017/jan/16/when-degrowth-enters-parliament.

körperlichen Gesundheit, die Verringerung der Kinderarmut, die Unterstützung indigener Völker, den Übergang zu einer kohlenstoffarmen Wirtschaft und das Gedeihen im digitalen Zeitalter ausgerichtet.[101] Die britische Labour-Partei hat sich für einen GND und ein allgemeines Grundeinkommen ausgesprochen, ebenso wie für eine Vier-Tage-Woche und die Möglichkeit der Regulierung bzw. der vollständigen oder teilweisen Verstaatlichung des Energiesektors, der Eisenbahn und anderer öffentlicher Infrastrukturen, um deren Unabhängigkeit von fossilen Brennstoffen voranzubringen.[102] Mitten in der COVID-19-Pandemie arbeitet das spanische Parlament an Plänen für ein Mindesteinkommen, das Bedürftigen garantiert werden soll.

Dennoch steht das Wachstum immer noch im Mittelpunkt der meisten offiziellen Politiken. Die neuseeländische Labour-Partei mag sich nicht mehr offiziell zum BIP bekennen, doch sie beaufsichtigt eine Wirtschaft, die jedes Jahr um zwei Prozent wächst. Wir haben noch von keiner gewählten politischen Führungskraft gehört, dass sie sich ausdrücklich für Degrowth ausspricht, was in einem von Unternehmen abhängigen Medien- und Politikumfeld ein riskanter Schritt wäre. Diejenigen, die unsere wegweisenden Reformen unterstützen, sehen sie oft als mit dem Wirtschaftswachstum vereinbar an. Wir setzen allerdings darauf, dass mit der Zeit und durch mühsame transformative Arbeit an der Basis auf einige Politiker*innen und Parteien genügend kultureller, wirtschaftlicher und ökologischer Druck ausgeübt werden kann, damit diese die transformative Politik und die Visionen, die sie bereits unterstützen, von den konventionellen Wachstumserwartungen, an denen sie bislang noch festhalten, abkoppeln.

101 S. Samuel, »Forget GDP – New Zealand is Prioritizing Gross National Well-Being«, Vox, 8. Juni 2019, https://www.vox.com/future-perfect/2019/6/8/18656710/new-zealand-wellbeing-budget-bhutan-happiness.

102 K. Aronoff, »Is Nationalization an Answer to Climate Change?«, The Intercept, 8. September 2018, https://theintercept.com/2018/09/08/jeremy-corbyn-labour-climate-change.

Herausforderungen inmitten der Wachstumsfolgen

Der Widerstand gegen die hier vorgeschlagenen Ideen agiert im Namen der Stabilität sowie der Verteidigung geopolitischer Interessen und traditioneller Identitäten. Der konservative Philosoph John Gray bekräftigt, dass »das Projekt der Förderung eines maximalen Wirtschaftswachstums vielleicht das vulgärste Ideal ist, das der leidenden Menschheit je vorgesetzt wurde«.[103] Er warnt aber auch, dass ein politisches Projekt, das den materiellen Konsum einer großen Zahl von Menschen einschränkt, mit einer »populistischen Gegenreaktion und geopolitischen Umwälzungen« rechnen muss, »die jeden Übergang zu einem stationären Zustand zum Scheitern verurteilen«.[104]

Das Ende des Wachstums stellt eine ernsthafte Bedrohung für die Stabilität politischer Ökonomien dar, die auf Wachstum beruhen. Bürger*innen, die unter den Schmerzen und Störungen leiden, die durch unvorhergesehene Stagnation, Rezession und Sparmaßnahmen verursacht werden, lehnen Forderungen nach einem freiwilligen Wachstumsstopp nachvollziehbarerweise ab. Einige Politiker*innen halten es für zweckmäßig, die Anzeichen der Wachstumsproblematik zu leugnen und diejenigen anzugreifen, die auf diese Anzeichen aufmerksam machen. Wie in Kapitel 2 dargelegt, haben die Regierungen in diesen instabilen Zeiten das Wachstum verdoppelt, um die Bürger*innen von der Notwendigkeit der Umverteilung abzulenken, veraltete Beschäftigungsformen in sich wandelnden Produktionssystemen zu stützen und Sozialleistungen zu finanzieren. In Zeiten der Wirtschaftskrise, wenn das Wachstum ins Stocken gerät, werden Kritiken an Degrowth-Visionen und Forderungen nach einer Rückkehr zur Wachstumsnormalität oft mit mehr Nachdruck vorgetragen.

Wirtschaftswachstum untermauert geopolitische Macht. Von der kolonialen Expansion bis zum Rüstungswettlauf im Kalten Krieg war das nationale Wachstum eng verbunden mit der Stärke der eigenen Nation gegenüber anderen. Wirtschaftliche Über-

103 J. Gray, *Gray's Anatomy: Selected Writings*, London 2010, S. 127.
104 J. Gray, »Why the Greens Should Stop Playing God«, UnHerd, 3. Juni 2019, https://unherd.com/2019/06/climate-change-and-the-extinction-of-thought.

legenheit ermöglicht es einigen Ländern, sich billig Zugang zu menschlichen und natürlichen Ressourcen in anderen Ländern zu verschaffen und diese auszubeuten. Die daraus resultierenden Einnahmen ermöglichen enorme militärische Investitionen, die zur Schaffung und Verteidigung solcher Ausbeutungsgelegenheiten eingesetzt werden.

Welche Bedingungen könnten Chancen für einen friedlichen Rückzug eröffnen, bei dem ein geringerer Verbrauch und eine größere Eigenversorgung mit Energie und Nahrungsmitteln die OECD-Länder von der Notwendigkeit befreit, andere Länder zu kolonisieren und auszubeuten? Es sind Strategien auf mehreren Ebenen erforderlich, um die Lokalisierung einiger Prozesse mit einer Stärkung der Mechanismen der internationalen Governance (UNO, EU, IPCC) zu verbinden. Solche Strategien gehen über eine reine Degrowth-Agenda hinaus. Ohne globale Koordinierung und Durchsetzung könnten Vorschläge wie die eines Grundeinkommens oder einer in einem Land erhobenen Vermögenssteuer den Abzug von in- und ausländischem Kapital nach sich ziehen und den organisierten Übergang zu einem stabilen Zustand in einen ungeordneten Zusammenbruch verwandeln. Internationale Zusammenarbeit kann die innerstaatliche Prioritätensetzung bei der solidarischen Vorsorge ergänzen und unterstützen, um die Autonomie gegenüber den absehbaren Turbulenzen der globalen Prozesse auszuweiten.

Die sich abzeichnenden Synergien zwischen autoritären und reaktionären Impulsen stellen ein Problem dar. Die historische Erfahrung zeigt, dass plötzliche wirtschaftliche Abschwünge autoritären Kräften Auftrieb geben können. Solche autoritären Kräfte gelangen mit Botschaften an die Macht, die bestimmte Gruppen für den Niedergang verantwortlich machen und eine Rückkehr zu Wohlstand und Ordnung versprechen. Veränderte Bedingungen erfordern veränderte Reaktionen; beides erzeugt Ängste. Politiker*innen können die Angst vor Veränderungen noch verstärken, indem sie ihren Wähler*innen das Gefühl vermitteln, ihre Identität, ihre Werte und ihre Lebensweise seien durch die vorgeschlagenen Maßnahmen bedroht. Zu den jüngsten Beispielen gehören erfolgreiche rechtsextreme und weiß-nationalistische Kampagnen zur Förderung von Klima- und Pandemieleugnung, Antifeminismus und Abtreibungsverboten sowie zum Schüren von Feindschaft gegenüber Umweltschützer*innen, Vegetarier*innen, und Migrant*innen.

Es wird für diejenigen, die sich für eine Verringerung des Wachstums einsetzen, schwierig sein, in der Wahlpolitik voranzukommen, Kompromisse mit dem Streben nach geopolitischer Vorherrschaft einzugehen und gewaltsame Gegenreaktionen und reaktionären Autoritarismus zu ertragen. Die oben beschriebene Explosion des zivilen Ungehorsams zeigt einige Optionen auf, insbesondere die Ausübung massiven gewaltfreien Widerstands gegen diejenigen, die Gewalt zur Aufrechterhaltung undemokratischer und unhaltbarer Ordnungen einsetzen. Doch die Angst vor verschiedenen Formen wirtschaftlicher, sozialer und politischer Unruhen, die bei ausbleibendem Wachstum ausbrechen könnten, schreckt viele Bürger*innen und Politiker*innen ab, die ansonsten mit den hier vorgestellten Werten und Vorschlägen sympathisieren.

Bündnisse schmieden

In diesem entmutigenden politischen Umfeld sind Bündnisse von grundlegender Bedeutung. Millionen potenzieller Verbündeter finden sich unter Naturliebhaber*innen, Pflegekräften, Familien mit Kindern, Fahrradfanatiker*innen, Veganer*innen, überlasteten Berufstätigen, Hippies, Arbeitslosen, verschuldeten Familien, Klimaflüchtlingen, Ökokommunard*innen, Senior*innen, Menschen, die sich in antikolonialen und antikapitalistischen Bewegungen engagieren, und vielen mehr. Hier betrachten wir einige von vielen wichtigen Verbündeten: Arbeiter*innen, Feminist*innen, Antirassist*innen und Mitglieder einkommensschwacher Gemeinschaften.

Menschen, die in der Produktion, im Baugewerbe, im Transportwesen, in Schulen und Krankenhäusern, im Gastgewerbe, in der Lebensmittelindustrie sowie in anderen Sektoren arbeiten, sind unverzichtbare Verbündete, und Arbeiterorganisationen, die von herkömmlichen Gewerkschaften bis hin zu Online-Gemeinschaften reichen, sind für die Mobilisierung von zentraler Bedeutung. Vorschläge zur Beendigung unserer Abhängigkeit von fossilen Brennstoffen und zur Eindämmung ökologischer Schäden sind jedoch als Bedrohung für den Anspruch der Arbeiter*innen auf Arbeitsplätze, Lebensstandards und Sicherheit dargestellt worden. Ein Grundeinkommen und andere politische Maßnahmen können dazu beitragen, diesen vermeintlichen Gegensatz zwischen Arbeitsplätzen und Umwelt zu überwinden. Gleichzeitig sind geduldiges und beharrliches Zuhören sowie Gespräche notwendig, um gemeinsame Visionen und eine gemeinsame Sprache zu entwickeln, die bei Arbeiter*innen Anklang finden. Dieser Einsatz ist von entscheidender Bedeutung für die Schaffung von Räumen für ein ökologisches Denken der Arbeiterklasse und die Unterstützung eines gerechten, arbeiter*innenzentrierten Übergangs.

In Kontexten, in denen Megakonzerne, die wichtige Produktionsmittel kontrollieren, die Entwicklung hin zu einer gerechten kohlenstoffarmen Zukunft behindern, ist die Produktion ein zentraler Schauplatz des Kampfes. Durch Tarifforderungen, Streiks, Blockaden und andere Aktionen können organisierte Arbeiter*innen ihre Macht ausüben, um die Produktionsprozesse zu stören, von denen die globalen Stoffwechselströme abhängen. In diesen Kämpfen sind die Arbeiter*innen nicht mehr allein. Wie David Harvey feststellt, betreffen die Kämpfe um die Umwelt, um Wünsche und Lebensweisen sowie um Versorgung und Reproduktion grundsätzlich auch die Produktionsweise und sind somit für die Kämpfe um Arbeitsbedingungen von Bedeutung.[105] Bündnisse zur Herbeiführung von Veränderungen, die für Arbeiter*innen sinnvoll und nicht bedrohlich sind, können unter anderem um die Ziele eines würdigen Arbeitslebens, einer gerechten Lohnverteilung, der Freizeit, einer allgemeinen Grundversorgung und des Zugangs zu Wohnraum und Nahrung geschmiedet werden.

Die in diesem Buch behandelten Anliegen sind von Feminist*innen geprägt. Sie decken sich mit denen von Feminist*innen, die die öffentliche Mobilisierung und intellektuelle Kritik rund um das Thema Arbeit angeführt haben, einschließlich nichtkommerzieller und nicht marktförmig vermittelter Sorgearbeit für Haushalt, Gesundheit, Ernährung, Kinder sowie kranke und

105 D. Harvey, »Why Marx's Capital Still Matters«, Jacobin, 12. Juli 2018, https://www.jacobinmag.com/2018/07/karl-marx-capital-david-harvey.

alte Menschen. Feminist*innen haben unser Bewusstsein für die geschlechtsspezifischen Opfer geschärft, die jenen Wirtschaftssystemen innewohnen, die von allen Erwachsenen Vollzeitarbeit verlangen und die Arbeit, durch die Menschenleben, Gemeinschaften und die Umwelt Tag für Tag und über Generationen hinweg reproduziert werden, erschweren. Akteur*innen und Organisationen, die sich mit Lohnungleichheiten entlang geschlechtlicher und ethnischer Trennlinien befassen, können sich unseren Vorschlägen für Höchst-, Mindest- und Pflegeeinkommen anschließen.

Bündnisse mit Akteur*innen und Bewegungen, die sich gegen Rassismus einsetzen, sind ein anspruchsvoller und wichtiger Aspekt dieser Aufgabe. Im Mainstream-Umweltschutz halten weiße Männer die Führung über Organisationen, die Wissenschaft und die Medien inne. Sogar innerhalb der Klimaschutzbewegungen erleben Studierende und Basismitglieder Varianten der Rassifizierung, des Patriarchats und der Kolonialität, die eine gleichberechtigte Zusammenarbeit erschweren.[106] Hierarchische Dualismen, die der westlichen Kultur eingeschrieben sind (Mensch/Natur, weiß/nichtweiß, Männer/Frauen, heteronormativ/queer), erschweren es Umweltschützer*innen, die dominante Identitäten verkörpern, den Status quo infrage zu stellen – einschließlich des menschlichen Exzeptionalismus, der die Beherrschung und Ausbeutung der nichtmenschlichen Natur rechtfertigt.

Im Gegensatz dazu sind die Basisbewegungen für Umwelt und soziale Gerechtigkeit sowohl in Ländern mit niedrigem Einkommen als auch in wohlhabenden Ländern häufig von Akteur*innen inspiriert, angeführt und öffentlich vertreten worden, die nichtmännlich, nichtweiß und nicht wohlhabend sind. Nicht zufällig haben sie radikalere Vorschläge gemacht, wie Martin Luther King Jr. 1967 mit seiner Forderung nach einem garantierten Grundeinkommen, um die Armut abzuschaffen und die Ungleichheit zu verringern, oder die Zapatistas mit ihrer Forderung nach autonomen Räumen, um eine Zukunft außerhalb der nationalen Entwicklung Mexikos zu schaffen. Um von antirassistischen und

106 J. Chan u. J. Curnow, »Taking Up Space: Men, Masculinity, and the Student Climate Movement«, *RCC Perspectives*, 4 (2017), S. 77–85.

unterschiedlich positionierten Bewegungen für soziale Gerechtigkeit zu lernen und Bündnisse mit ihnen zu schmieden, müssen die Befürworter*innen von Degrowth den gegenseitigen und respektvollen Dialog zwischen unterschiedlichen Wissensbeständen und Wissensformen in den Vordergrund stellen.

Warum sollten Milliarden von Menschen, die in einkommensschwachen Gemeinden und Ländern leben, eine Bewegung unterstützen, die ihre Hoffnung, in den Genuss einiger der versprochenen Vorteile des Wirtschaftswachstums zu gelangen, zu durchkreuzen scheint? Zunächst einmal müssen wir die extrem unterschiedlichen Bedingungen und Positionen dieser Bevölkerungsgruppen anerkennen. Für viele, die an den Grenzen der globalen Expansion leben, kann das Schrumpfen der europäischen oder nordamerikanischen Wirtschaft eine Erleichterung darstellen. Indigene Gemeinschaften, mit denen wir in Brasilien, Bolivien, Mexiko und Ecuador zusammengearbeitet haben, riskieren ihr Leben im Kampf gegen den Vormarsch von Bergbau, Abholzung, Bohrungen, Straßen und Agrarindustrie, um ihre seit Langem gewachsenen Solidaritäts- und Verwandtschaftsökonomien zu verteidigen.

Für jene städtischen Mittelschichten und politischen Führungspersönlichkeiten in Lateinamerika, Afrika und anderswo, die versuchen, den eigenen Lebensstandard zu verbessern und ihre Schulden mit den Almosen zu begleichen, die sie aus den Konzessionen für den Bergbau, den Steuern auf multinationale Unternehmen und Ähnlichem erhalten, mag die Wachstumsverringerung weniger ansprechend erscheinen. Ganz zu schweigen von China, wo Generationen, die unter beträchtlichen Entbehrungen gelitten haben, nun in den Genuss eines präzedenzlosen wirtschaftlichen und materiellen Wachstums kommen.

Unsere Argumentation zeigt, wie das Streben nach Wachstum Kolonialismus, Sexismus, Rassismus und andere Ungerechtigkeiten geprägt hat, doch wir behaupten nicht, dass unser Degrowth-Konzept für alle Akteur*innen innerhalb der durch diese Phänomene resultierenden ungleichen Verhältnisse relevant ist. Ausgehend von unserer Position in den wohlhabenden Gesellschaften des Nordens versuchen wir, mit und von anderen zu lernen. Indem sie sich auf feministische und dekoloniale Ansätze stützen, um eine Mobilisierung zu unterstützen, die weniger von historischen Hierarchien beeinflusst ist, argumentieren Dengler und Seebacher, dass »Degrowth nicht als Vorschlag aus dem Globalen Norden missverstanden werden darf, der dem Globalen Süden aufgezwungen wird, sondern vielmehr eine nördliche Ergänzung zu Konzepten, Bewegungen und Denkweisen des Südens darstellt. Daher ist es für Degrowth unerlässlich, Bündnisse mit ›Weggefährt*innen‹ aus dem Süden anzustreben.«[107] Arturo Escobar sieht Konvergenzen zwischen den Degrowth-Bewegungen im Norden und den Postentwicklungsbewegungen in Lateinamerika: Aus unterschiedlichen intellektuellen Traditionen stammend und mit unterschiedlichen epistemischen und politischen Praktiken agierend, verbinden sie eine radikale Infragestellung der Kernannahmen von Wachstum und Ökonomismus mit Visionen von alternativen Welten, die auf ökologischer Integrität und sozialer Gerechtigkeit beruhen.[108]

Diejenigen in anderen Weltteilen, die unter ihren jeweiligen Bedingungen für eine sinnvolle, gerechte und ökologisch nachhaltige Welt kämpfen, sollten wissen, dass wir einen verwandten Kampf führen, und zwar im Herzen der Bestie. Selbst aufrichtige Verpflichtungen zum Dialog und zu Bündnissen über Differenzen hinweg stoßen auf Hindernisse.[109] In Interviews mit Aktivist*innen für Umweltgerechtigkeit haben Beatriz Rodríguez-Labajos und ihre Kolleg*innen festgestellt, dass »der Degrowth-Begriff in Teilen Afrikas, Lateinamerikas und anderer Regionen des globalen Südens, einschließlich armer und marginalisierter Gemeinschaften in den Ländern des Nordens, nicht als ansprechend empfunden wird und nicht den Forderungen der Menschen entspricht.«[110] Susan Paulson

107 C. Dengler u. L. M. Seebacher, »What About the Global South? Towards a Feminist Decolonial Degrowth Approach«, *Ecological Economics,* 157 (2019), S. 247.

108 A. Escobar, »Degrowth, Postdevelopment, and Transitions: A Preliminary Conversation«, *Sustainability Science*, 10 (2015), 3, S. 451.

109 A. Beling, J. Vanhulst, F. Demaria, V. Rabi, A. Carballo u. J. Pelen, »Discursive Synergies for a ›Great Transformation‹ Towards Sustainability: Pragmatic Contributions to a Necessary Dialogue Between Human Development, Degrowth, and Buen Vivir«, *Ecological Economics*, 144 (2017), S. 304–313.

110 B. Rodríguez-Labajos, I. Yánez, P. Bond, L. Greyle, S. Munguti, G. Uyi Ojo u. W. Overbeek, »Not So Natural an Alliance? Degrowth and Environmental

hat während einer mehrjährigen Zusammenarbeit mit Forscher*innen unterschiedlichen kulturellen, sprachlichen und nationalen Hintergrunds, die von Gemeinschaften aus aller Welt lernen, wie Wohlbefinden und Solidarität anstelle von Produktions- und Verbrauchssteigerungen in den Vordergrund gestellt werden können, die Vorteile, aber auch die Herausforderungen eines Dialogs über Differenzen hinweg ermittelt.[111] Wir haben die Erfahrung gemacht, dass das Degrowth-Konzept – nicht das Wort selbst – bei Menschen, die in einkommensschwachen Kontexten unterschiedlicher Art leben, durchaus Anklang findet. Zusammenfassend lässt sich sagen, dass Degrowth-Visionen und Programmatiken auf Ideen und Praktiken von Menschen in vielen Positionen zurückgehen und in diesen Ideen und Praktiken wurzeln. Dazu gehören auch seit Langem etablierte religiöse oder spirituelle Überzeugungen beziehungsweise Alltagsüberzeugungen in einkommensschwachen Gemeinschaften. Anstatt die Traditionen der Arbeiter*innenkämpfe oder der modernen Entwicklung durch einen neuen universalisierenden Weg zu ersetzen, sollten wir von Verbündeten wie der Global Tapestry of Alternatives lernen, jene Bedingungen zu unterstützen, in denen eine Vielzahl von Wegen in gegenseitigem Respekt beschritten werden kann, entsprechend dem zapatistischen Traum von »einer Welt, in der viele Welten Platz haben«.[112]

Mobilisierung für den politischen Wandel

Welche Formen der Mobilisierung und des politischen Handelns werden sich aus der Verbindung solch unterschiedlicher Positionen und Interessen ergeben? Wir erkennen an, dass Aspekte der Degrowth-Politik einigen Interessen von gewählten politischen Vertreter*innen, Arbeiter*innen, einkommensschwachen Gemeinschaften und anderen widersprechen oder die Durchsetzung dieser Interessen erschweren können. Klimawissenschaftler*innen

Justice Movements in the Global South«, *Ecological Economics*, 157 (2019), S. 176.

111 S. Paulson, »Pluriversal Learning: Pathways Toward a World of Many Worlds«, *Nordia Geographical Publications*, 47 (2019), 5, S. 85–109.

112 Siehe die »Global Tapestry of Alternatives« (GTA): https://globaltapestryofalternatives.org.

und Klimaaktivist*innen debattieren beispielsweise heftig über Vor- und Nachteile eines Zusammenschlusses mit Vertreter*innen des Degrowth-Konzepts. Der US-amerikanische Wissenschaftler Michael Mann befürchtet, der Schulterschluss von Klimabewegungen mit Vertreter*innen radikaler Positionen berge »die Gefahr, notwendige Unterstützer*innen (z. B. Unabhängige und gemäßigte Konservative) zu verprellen, die einer umfassenden Agenda des progressiven sozialen Wandels skeptisch gegenüberstehen«.[113]

Die Erkenntnis, dass Degrowth kaum zum Fluchtpunkt massiver, zahlreiche Bewegungen einender Mobilisierungen werden dürfte, regt ein Nachdenken über andere Metaphern politischer Organisierung an. Padini Nirmal und Dianne Rocheleau schlagen vor, von Netzwerken, Wurzeln und Rhizomen zu lernen; diese seien in vielen Kämpfen zur Verteidigung unterschiedlicher Naturkulturen, insbesondere seitens indigener und marginalisierter Menschen, sowohl Zweck als auch Mittel.[114] Pflanzen wie Bambus und Giftefeu vermehren sich und breiten sich über Rhizome aus, die auch als Wurzelstöcke bekannt sind: Horizontale Netzwerke von Trieben bilden an oder unter der Bodenoberfläche Knoten, aus denen neue Wurzeln und neue Triebe vertikal hervorgehen.

In der Tat werden Degrowth-Visionen sowie entsprechende Ideen und Handlungen bereits durch unterirdische Beziehungsnetzwerke getragen und verbreitet, die kulturelle, zivilgesellschaftliche und politische Verbündete stärken und miteinander verbinden. Wir gehen davon aus, dass diese Netzwerke in Reaktion auf die sich bietenden Gelegenheiten nährstoffreichere Wurzeln entwickeln und sichtbarere Triebe hervorbringen werden, um die gewünschten Veränderungen herbeizuführen. Wir freuen uns darauf, neue Triebe in Wahlkampagnen und massiven gewaltfreien Protesten voller Vielfalt und unerwarteten Ausdrucksformen entstehen zu sehen. Diese Art der Mobilisierung ist nur schwer auszurotten. Selbst wenn sichtbare Unternehmungen auf Rückschläge und Gegen-

113 M. E. Mann, »Radical Reform and the Green New Deal«, *Nature*, 573 (2019), S. 340–341, https://www.nature.com/articles/d41586-019-02738-7.

114 P. Nirmal u. D. Rocheleau, »Decolonizing Degrowth in the Post-Development Convergence: Questions, Experiences, and Proposals from Two Indigenous Territories«, *Nature and Space*, 2 (2019), 3, S. 465–492.

reaktionen stoßen, bleiben Teile des Rhizoms – in diesem Fall die Degrowth-Gemeinschaften mit ihren jeweiligen Praktiken und Beziehungen – im Boden zurück, wo sie wachsen und neu in Erscheinung treten können.

Tag für Tag gewünschte Welten leben, gesetzlich festschreiben und mobilisieren

Zu Beginn dieses Buches haben wir festgestellt, dass es leichter ist, sich das Ende der Welt und sogar des Kapitalismus vorzustellen als das Ende des Wachstums. Selbst wenn die Wirtschaft ins Stocken gerät oder einbricht, können sich der Wunsch nach Wachstum und das Streben danach verstärken. Ebenso schwierig kann es sein, Degrowth-Maßnahmen politisch umzusetzen. Dennoch sind wir davon überzeugt, dass Degrowth im Vergleich zu anderen Szenarien, die sich am Horizont abzeichnen, den humaneren und gerechteren Weg in die Zukunft darstellt. Wir fühlen uns außerdem ermutigt durch Beispiele, in denen der Common Sense, die Praktiken und die Politik von Degrowth bereits mobilisiert werden, wenn Menschen zusammenkommen, um anders zu produzieren, zu konsumieren und zu leben, indem sie sich alte und neue Formen der (Re-)Produktion und der sozialen Organisation wiederaneignen. Wir sind uns darüber im Klaren, dass die Reise nicht geradlinig oder unkompliziert, sondern widersprüchlich sein wird, mit Rückschlägen, Gegenreformen, Repressionen, Anpassungen und unerwarteten Wendungen.

In diesem Buch haben wir wiederholt Beispiele aus Barcelona verwendet, um die Verbindung zwischen gemeinschaftlichen Ökonomien, politischer Mobilisierung und institutionellen Reformen zu verdeutlichen. Die Bürger*innenplattform Barcelona En Comú, die ihre Wurzeln in den besetzten Plätzen von 2011 hat und deren Arbeit von einem Aktivismus lebt, der in den etablierten genossenschaftlichen Ökonomien der Stadt verwurzelt ist, wurde 2014 von unten nach oben, durch offene Versammlungen gegründet. Bündnisse wurden geschmiedet zwischen Wähler*innen aus der Arbeiter*innenklasse, die unter den Auswirkungen der Wirtschafts- und Wohnungskrise leiden, und Menschen jungen oder mittleren Alters, die sich in oder am Rande von Barcelonas lebendigen Gemeinschaftswirtschaften und Kämpfen um soziale Gerechtigkeit bewegen. Innerhalb eines Jahres gewann die Partei die Kommunalwahlen – eine rasante Entwicklung. Parallel dazu entwickelte sich andernorts die Occupy-Bewegung zu Momentum, einer politischen Organisation, die einige politische Zusagen der britischen Labour Party radikalisierte, während die Sunrise-Bewegung und die demokratischen Sozialist*innen in den USA die Kampagne von Bernie Sanders vorantrieben.

Die politische Wirksamkeit und Nachhaltigkeit dieser Bewegungen bleiben abzuwarten. (Geo-)politische Veränderungen, nationale Trennlinien und kontextspezifische Dynamiken können selbst die besten Projekte zunichtemachen. Was wir unseren Leser*innen jedoch aus dem Fall Barcelona mit auf den Weg geben wollen und was für ähnliche Erfahrungen mit politischen Parteien, die aus sozialen Bewegungen hervorgehen oder von ihnen umgestaltet werden, relevant sein könnte, ist die Artikulation von Bündnissen über Differenzen hinweg, inmitten eines tief verwurzelten und verkörperten kulturellen Wandels.

Vielleicht sind unsere Leser*innen noch nicht überzeugt, dass eine Politik des Wachstumsrückgangs umsetzbar ist. Auch wir haben unsere Zweifel. Wir kennen die politischen Risiken der Instabilität in stagnierenden Ökonomien und die Herausforderungen, die mit der Entwicklung politischer Projekte unter Bedingungen wirtschaftlicher Schrumpfung einhergehen. Viele, die die Werte und Visionen von Degrowth teilen, aber Degrowth für politisch nicht umsetzbar halten, setzen sich für eine Politik ein, die darauf beruht, Wachstum grün und inklusiv zu gestalten. Wie wir jedoch in Kapitel 2 dargelegt haben und im folgenden Abschnitt (»Häufig gestellte Fragen«) weiter ausführen, scheint ein grünes, integratives Wachstum schlichtweg nicht realisierbar oder erstrebenswert zu sein. Es gibt keine technologische oder politische Lösung, die den materiellen Lebensstandard, den eine Minderheit derzeit auf Kosten anderer genießt, auf neun Milliarden Menschen ausweiten kann. Das bedeutet, dass entweder Institutionen für eine gerechte Verteilung des Wohlstands entwickelt und ausgebaut oder aber große Teile der Weltbevölkerung als überschüssig ausgegrenzt werden müssen.

Das naheliegendste Argument zugunsten von Degrowth, das wir in diesem Buch zu vermitteln versuchen, lautet, dass ein bescheidenes, auf Kooperation und gemeinsamer Ressourcennutzung beruhendes Leben an und für sich wünschenswert ist. Selbst wenn endloses Wachstum wirtschaftlich, sozial und ökologisch nachhaltig wäre, würde es uns nicht die Fülle des menschlichen Lebens bescheren, die wir anstreben. Es geht nicht um märtyrerhafte Selbstverleugnung oder um die Einschränkung des menschlichen Potenzials, sondern um eine Neuausrichtung der Sozioökonomie, die den kooperativen und kreativen Aufbau eines Lebens unterstützt, das für mehr Menschen und an mehr Orten angenehm, gesund, befriedigend und nachhaltig ist. Die Endziele von Degrowth – würdige Arbeit, weniger egoistische Konkurrenz, gerechtere Beziehungen, Identitäten, die nicht nach individueller Leistung bewertet werden, solidarische Gemeinschaften, humane Lebensrhythmen, Respekt für die natürliche Umwelt – sind auch Mittel, mit denen Menschen Tag für Tag die Lebensstile, Institutionen und Politiken der zukünftigen Degrowth-Welten einüben und verkörpern können.

Häufig gestellte Fragen

Grünes Wachstum

1) Nimmt die Umweltschädlichkeit von Ökonomien nicht ab, je wohlhabender sie werden?
Nein, das tut sie nicht. Reiche Ökonomien verbrauchen mehr Ressourcen und emittieren (pro Kopf) mehr Kohlenstoff als arme. Die Volkswirtschaften reicherer Länder mögen die Umwelt pro BIP-Einheit weniger belasten, doch sie produzieren ein höheres Gesamt-BIP, verbrauchen mehr Ressourcen und stoßen mehr Abfall pro Kopf aus. Die »Umwelt-Kuznets-These«, der zufolge Länder die Umwelt zunächst stärker schädigen, bis sie einen bestimmten Wohlstandsgrad erreichen, an dem das Wirtschaftswachstum weniger schädlich wird, ist durch statistische Daten gründlich widerlegt worden.[115] Einige Länder mit mittlerem Einkommen führen Umweltstandards früher ein als wohlhabendere Länder. Bei großen Problemen wie den Kohlenstoffemissionen gibt es keine Trendumkehr durch höhere Einkommen: Je reicher ein Land wird, desto mehr CO_2 emittiert es. Außerdem verlagern Länder mit hohem Einkommen ihre Umweltkosten auf ärmere Länder, indem sie Ressourcen und Industriegüter importieren und Abfälle exportieren.

2) Können wir nicht mit weniger mehr produzieren?
Wir können das. Aber das BIP kann nicht weiter wachsen, wenn immer weniger Ressourcen verbraucht werden.[116] Von 1980 bis 2002 wuchsen die globalen Materialströme jährlich um 1,78 Prozent: ein langsameres Wachstum als das des globalen BIP, aber den-

115 D. Stern, »The Rise and Fall of the Environmental Kuznets Curve«, *World Development*, 32 (2004), 8, S. 1419–1439.
116 Weitere Angaben bei J. Hickel u. G. Kallis, »Is Green Growth Possible?«, *New Political Economy*, 25 (2020), 4, S. 469–486.

noch Wachstum. Von 2002 bis 2013 wuchsen die Materialströme um 3,85 Prozent pro Jahr und damit schneller als das weltweite BIP. Heute entspricht ein BIP-Unterschied von 1 Prozent einem Unterschied von 0,8 Prozent beim Materialverbrauch.[117] Der inländische Ressourcenverbrauch einiger einkommensstarker Ökonomien wie den USA scheint seinen Höhepunkt erreicht zu haben und sinkt, aber das liegt daran, dass die Inputs durch die Globalisierung ausgelagert werden. Berechnet man die Menge der Materialien, die zur Herstellung der in den USA konsumierten Waren und Dienstleistungen verwendet werden und berücksichtigt dabei auch die Importe, dann ist der materielle Fußabdruck im Gleichschritt mit dem BIP gewachsen (dasselbe gilt für die EU und die OECD).[118] Zugegeben, die Zukunft muss nicht so aussehen wie die Vergangenheit. Aber alle Modelle sagen einen erheblichen Anstieg des weltweiten Materialverbrauchs bis 2050 voraus. Selbst unter den extremsten technologischen und politischen Voraussetzungen wird der Ressourcenverbrauch um 17 Prozent steigen.[119]

3) Können Ressourcen nicht effizienter eingesetzt werden?

Das ist möglich. In Wachstumswirtschaften werden Ressourcen aber umso billiger, je effizienter sie genutzt werden, und so werden dann insgesamt mehr Ressourcen verbraucht.[120] Dies ist das Wesen des Wirtschaftswachstums: Durch die Produktivität von Arbeit und Ressourcen werden Ressourcen frei, die dann für mehr Produktion und neue Dienstleistungen eingesetzt werden, wodurch mehr Wert geschaffen wird. Effizienzgewinne durch bestimmte Geräte oder Sparmaßnahmen können sich nicht vollständig auswirken. Allerdings sind die ressourceneffizientesten Ökonomien

117 J. K. Steinberger, F. Krausmann, M. Getzner, H. Schandl u. J. West, »Development and Dematerialization: An International Study«, *PLOS ONE*, 8 (2013), 10, e70385.

118 T. O. Wiedmann, H. Schandl, M. Lenzen, D. Moran, S. Suh, J. West u. K. Kanemoto, »The Material Footprint of Nations«, *Proceedings of the National Academy of Sciences*, 112 (2015), 20, S. 6271–6276.

119 Hickel u. Kallis, »Is Green Growth Possible?«.

120 B. Alcott, M. Giampietro, K. Mayumi u. J. Polimeni, *The Jevons Paradox and the Myth of Resource Efficiency Improvements*, Abingdon 2012.

auch diejenigen mit einem höheren Materialverbrauch. Damit wir nicht falsch verstanden werden: Ressourceneffizienz ist wichtig, doch wir plädieren dafür, mit weniger weniger zu tun, und zwar auf effizientere Weise, anstatt mit weniger mehr zu tun, denn mehr bedeutet mehr Schaden. Ein guter Weg dorthin ist die Kombination von Effizienzverbesserungen mit Grenzwerten, also Obergrenzen oder vorgeschriebenen Reduzierungen von Ressourcen oder Schadstoffen.

Das Kaninchen lässt sich auch nicht endlos aus dem Effizienzhut zaubern: Es gibt eine Obergrenze für die Energie- und Ressourceneffizienz, jenseits derer weiteres Wachstum zu mehr Energie(ressourcen)verbrauch führt. Es gibt nicht nur Grenzen dafür, wie weit, sondern auch dafür, wie schnell die Effizienz verbessert werden kann. Die Energieeffizienz einiger Güter wie Kühlschränke oder Autos ist in den letzten fünfunddreißig Jahren um zwei Prozent pro Jahr gestiegen (was in etwa der durchschnittlichen Wachstumsrate entspricht), aber nicht alles kann so schnell verbessert werden. Die Effizienz von Flugreisen hat sich kaum verändert, und die von Kraftwerken hat sich nur um ein Prozent pro Jahr gesteigert.[121]

4) Können saubere Ressourcen nicht umweltschädliche Ressourcen ersetzen?

Ja, das können sie, aber saubere Ersatzstoffe verschmutzen ebenfalls, und wenn die Wirtschaft wächst, werden auch ihr Verbrauch und die Verschmutzung zunehmen. Solar- und Windenergie sind sauberer als Kohle, aber die von ihnen erzeugte Energie wird in Batterien gespeichert, die Lithium oder Kobalt enthalten. Mit diesen saubereren Technologien müsste die weltweite Nachfrage nach seltenen Erden – und der erdzerstörende Abbau sowie die Raffination – bis 2050 um 300 bis 1.000 Prozent steigen, nur um die Ziele des Pariser Klimaabkommens zu erreichen.[122] Das eigent-

121 T. Murphy, »Can Economic Growth Last?«, Do the Math Blog, 14. Juli 2011, https://dothemath.ucsd.edu/2011/07/can-economic-growth-last.

122 W. L. Rees, »Don't Call Me a Pessimist on Climate Change. I Am a Realist«, The Tyee, 11. November 2019, https://thetyee.ca/Analysis/2019/11/11/Climate-Change-Realist-Face-Facts.

liche Ziel ist es, die Verwendung schmutziger Alternativen (fossile Brennstoffe, benzinfressende Autos usw.) zu verringern und nicht einfach zu ergänzen. Die Verkäufe von Elektrofahrzeugen steigen, aber auch die Verkäufe von SUVs. Solar- und Windenergie werden rasch ausgebaut, doch sie haben den Verbrauch fossiler Brennstoffe noch nicht verringert, sondern dem System nur mehr Energie hinzugefügt.[123] Die erweiterte Verwendung sauberer Ersatzstoffe ist notwendig, aber nicht ausreichend.

5) Ist es nicht nur eine Frage der richtigen Preise?

Verursacher*innen sollten für die Verschmutzung zahlen, ja. Aber es gibt keinen »richtigen Preis«, der vom Markt bestimmt wird.[124] Ressourcen und Kohlenstoff sollten so hoch besteuert werden, dass die erforderlichen Reduzierungen erreicht werden. Würde man eine Tonne Kohlenstoff, die heute mit acht Dollar besteuert wird, bis 2030 mit hundert bis fünftausend Dollar besteuern (das Maximum, das einige Wissenschaftler*innen für notwendig halten, um den Klimawandel zu stoppen), dann wären Öl und Kohle im Effekt verboten. Das könnte die Wirtschaft verlangsamen, was begrüßenswert wäre. Doch es ist auch der Grund, weshalb die Machthaber*innen dies nicht zulassen. Wachstum ist nur möglich, wenn es billig ist. Das Problem: Wenn die Verursacher*innen zu viel zahlen müssen, werden die umweltverschmutzenden Industrien ihre politische und wirtschaftliche Macht nutzen, um Gebühren zu verhindern. Die Herausforderung besteht also weniger darin, die Märkte oder die Preise in Ordnung zu bringen, sondern vielmehr darin, politische Macht einzusetzen, um unser Ziel zu erreichen.

6) Können wir denn kein Wachstum haben, das nur auf Informationen und Ideen beruht?

In einer Science-Fiction-Welt ja, in der Realität nein. Wir können uns einen Film vorstellen, in dem Menschen schlafen, an ein

123 R. York, »Do Alternative Energy Sources Displace Fossil Fuels?«, *Nature Climate Change*, 2 (2012), S. 441–443.

124 Siehe A. Vatn u. D. W. Bromley, »Choices without Prices without Apologies«, *Journal of Environmental Economics and Management*, 26 (1994), 2, S. 129–148.

Stromnetz angeschlossen sind und von Robotern gefüttert werden, die in ihrer Traumwelt immer mehr Geld austauschen, ohne mehr Ressourcen zu verbrauchen (obwohl dieses Arrangement auch nicht weniger verbrauchen würde). In der realen Welt jedoch hat das monumentale Wachstum der Informations- und Kommunikationstechnologien (IuK) den Ressourcenverbrauch nicht verringert. Länder mit besser entwickelten IuK haben einen größeren materiellen Fußabdruck. In dem Maße, in dem sich Ökonomien von der Landwirtschaft über die Industrie zu den Dienstleistungen hin entwickeln, wächst ihr materieller Fußabdruck, anstatt zu schrumpfen. IuK-Dienstleistungen sind ressourcen- und energieintensiv (man denke nur an den Strom für den Betrieb von Servern), und diejenigen, die mit dem Verkauf von Informationen oder Kommunikation Geld verdienen, verwenden das Geld, um materielle Güter zu kaufen oder in sie zu investieren (man denke nur an die Privatjets von Internetunternehmer*innen).

7) Warum Degrowth und nicht einfach Kreislaufwirtschaft?
Es reicht nicht aus, die heutigen überentwickelten Ökonomien in eine Kreislaufwirtschaft zu überführen. Da die Wirtschaft entropisch ist, braucht es Energie und Ressourcen, menschliche und natürliche, um Dinge zu recyceln und wiederzuverwenden oder erneuerbare Energie zu nutzen.[125] Je größer der Kreislauf ist und je schneller er abläuft, desto mehr Energie und Ressourcen werden verbraucht. Die industrielle Revolution war eine große Linearisierung. Die Rückkehr zu zirkulären, erneuerbaren Energie- und Materialströmen wird höchstwahrscheinlich unsere heutige, auf billige, lineare Gewinnung und Entsorgung ausgerichtete Wirtschaft ausbremsen.[126] Kreislaufwirtschaft und Degrowth können und werden sich also gemeinsam weiterentwickeln.

125 N. Georgescu-Roegen, *The Entropy Law and the Economic Process*, Cambridge 1971.

126 M. Giampietro, »On the Circular Bioeconomy and Decoupling: Implications for Sustainable Growth«, *Ecological Economics*, 162 (2019), S. 143–156.

8) Reduzieren einige Länder nicht bereits ihre Kohlenstoffemissionen und wachsen dennoch?

Das ist der Fall. Achtzehn der sechsunddreißig OECD-Länder haben ihre Emissionen zwischen 2005 und 2015 um durchschnittlich 2,4 Prozent pro Jahr reduziert. Die Berücksichtigung importierter Güter ändert nichts an diesem grundlegenden Muster. So bedeutsam und begrüßenswert diese Reduktionen auch sein mögen, sie reichen bei Weitem nicht aus, um eine rasche Dekarbonisierung zu erreichen, die einigen Berechnungen zufolge für Länder mit hohem Einkommen bei acht bis zehn Prozent pro Jahr liegen müsste.[127] Die Reduzierung der Emissionen ist einfacher, wenn das Wachstum geringer ist. Wenn eine Wirtschaft jährlich um drei Prozent wächst, müssen die Emissionen im Verhältnis zur Größe der Wirtschaft um etwa sechs Prozent gesenkt werden, damit eine jährliche Emissionssenkung von drei Prozent erreicht wird. Bei einem Wachstum von einem Prozent sinkt dieser Wert auf vier Prozent. Den Klimawandel mit Wirtschaftswachstum zu bekämpfen, ist, als würde man eine Rolltreppe hinaufrennen, die immer schneller wird. Es macht einen gewaltigen Unterschied, ob die Weltwirtschaft bis zum Ende des Jahrhunderts um das Elffache wächst oder ob sie konstant bleibt. Tatsächlich sind die achtzehn Länder, die ihre Emissionen reduziert haben, viel weniger gewachsen als andere Länder (Energie und BIP wachsen im Durchschnitt jährlich um etwa ein Prozent).[128]

9) Werden die Ausgaben für einen Green New Deal nicht das Wachstum ankurbeln?

Kurzfristig möglicherweise ja. Aber wenn der Green New Deal sein Ziel, die Abschaffung fossiler Brennstoffe, erreicht, ist es zweifelhaft, ob die steigenden Einnahmen aus erneuerbaren Energien ausreichen werden, um das Wachstum aufrechtzuerhalten. Für jede

127 K. Anderson u. A. Bows-Larkin, »Avoiding Dangerous Climate Change Demands De-Growth Strategies from Wealthier Nations« (2013), https://kevinanderson.info/blog/avoiding-dangerous-climate-change-demands-de-growth-strategies-from-wealthier-nations.

128 C. Le Quéré u. a., »Drivers of Declining CO2 Emissions in 18 Developed Economies«, *Nature Climate Change*128373754 , 9 (2019), 3, S. 213–217.

Energieeinheit, die zur Erzeugung von Solar- und Windenergie aufgewendet wird, erhält man im Allgemeinen weniger Energie als aus Kohle, Öl oder Erdgas.[129] Weniger Nettoenergie bedeutet weniger Arbeitsproduktivität. Weniger Produktivität bedeutet weniger Wachstum. Ein »Green New Deal« kann die Kohlenstoffemissionen reduzieren, sinnvolle Arbeitsplätze schaffen und sich durch die Erträge der von ihm finanzierten Projekte selbst tragen. Langfristig kann er aber auch die Wirtschaft ausbremsen. Wir glauben, dass dies in Ordnung ist, solange Institutionen geschaffen werden, die auch ohne Wachstum auskommen.

10) Warum geht man nicht einfach über das BIP hinaus?
Das BIP misst, wovon unsere heutige Wirtschaft abhängt, nämlich das Marktwachstum. Das BIP wurde nicht entwickelt, um den Wohlstand zu messen, und das tut es auch nicht. Es behandelt Nachteile als Vorteile: Eine Ölpest ist gut für die Wirtschaft, weil Geld für die Reinigungsarbeiten ausgegeben wird. Und es berücksichtigt keine unbezahlten Dienstleistungen: Wenn ein Mann seine Anwältin heiratet und diese sich kostenlos um seine Angelegenheiten kümmert, sinkt das BIP. Neue Messinstrumente für Wohlstand und Wohlergehen, wie der Genuine Progress Indicator, können dabei helfen, aufzuzeigen, wie das Wachstum die Gesellschaften im Stich lässt. Sie bieten einen Ausblick auf neue Arten von Messverfahren, die nach dem Ende des Wachstums benötigt werden. Aber wenn man den Tacho ändert, verringert sich deswegen noch nicht das Tempo. Man muss auch das Fahrzeug wechseln, also eine wachstumsgetriebene Wirtschaft durch Degrowth ersetzen.

11) Warum kein Wachstum des Wohlbefindens?
Die *Verbesserung* des Wohlbefindens ist genau das, was wir fordern, und zwar durch eine Verringerung des Ressourcen- und Energieverbrauchs sowie der Umweltschäden. Diese Verbesserung unterscheidet sich vom materiellen und BIP-Wachstum.

129 Siehe G. Kallis, *Degrowth*, London 2018, S. 77–79.

12) Warum kein Wachstum der guten Dinge und Abbau der schlechten?
Wir plädieren in der Tat für ein selektives Degrowth-Programm. Viele gute Dinge, die wir anstreben (Erhalt der Natur und ihrer Ressourcen, Ermächtigung von marginalisierten Gruppen in Rohstoffgebieten, Verkürzung des Arbeitstags), werden das BIP-Wachstum verlangsamen, womit vorausschauend umgegangen werden sollte. Auch gute Dinge (etwa Solarpaneele) benötigen schlechte Dinge (seltene Metalle), sodass die Ausweitung einiger guter Dinge gebremst werden muss. Und schließlich brauchen wir für viele Dinge, die uns am Herzen liegen (öffentliche Gesundheit, Bildung, Kinderbetreuung), qualitative Verbesserungen und keine quantitativen Steigerungen. Das Vokabular des Wachstums ist in solchen Zusammenhängen irreführend.

13) Lassen sich unsere kleinmaßstäblichen Lösungen skalieren?
Einige vielleicht, andere nicht. Wir plädieren für *mehr* lokalisierte, gemeinschaftliche Wirtschaft, nicht dafür, dass *alles* in kleinem Maßstab oder genossenschaftlich produziert wird. Eine dezentralisierte, agrarökologische Produktion erfordert im Vergleich zur industriellen Landwirtschaft mehr Arbeit pro Produktionseinheit, verbraucht aber auch weniger Chemikalien und fossile Brennstoffe. Die Versorgung der Bevölkerung mit einem größeren Anteil an Nahrungsmitteln aus gemeinschaftlich betriebener Landwirtschaft steht in Wechselwirkung mit anderen Anpassungen, etwa der Verringerung der Lebensmittelverschwendung, dem Verzehr von weniger Fleisch und dem Verzehr von mehr saisonalen und regional erzeugten Produkten. Die gemeinschaftliche Landwirtschaft wird wahrscheinlich auch weiterhin durch eine zentralisierte Produktion von Gütern wie Getreide und Mineralien ergänzt werden. Kleinere Alternativen ergänzen und erhöhen die Widerstandsfähigkeit. Urbane Gärtner*innen können nicht den gesamten Nahrungsmittelbedarf decken, doch sie können einen wesentlichen Teil des saisonalen Gemüses anbauen, das sonst per Flugzeug oder Schiff von weit her transportiert würde. Städtische Lebensmittelgärten haben beispielsweise Kuba vor einer möglichen Hungersnot bewahrt,

als die kubanische Wirtschaft nach dem Zusammenbruch der Sowjetunion kollabierte.[130]

14) Ist eine drastische Senkung des Energieverbrauchs überhaupt möglich?
Sie ist plausibel. Die von der Eidgenössischen Technischen Hochschule Zürich formulierte Vision einer 2000-Watt-Gesellschaft zeigt, dass die durchschnittliche westliche Bürgerin ihren Primärenergieverbrauch bis zum Jahr 2050 auf 2.000 Watt pro Jahr (den derzeitigen weltweiten Durchschnitt) reduzieren könnte, ohne ihren Lebensstandard zu senken, vor allem durch Eingriffe in Mobilität, Gebäude und Energieerzeugung. Forscher*innen haben berechnet, dass der typische Stromverbrauch eines Zwei-Personen-Haushalts in Deutschland durch die Kombination von Suffizienz- und Effizienzmaßnahmen sogar um 75 Prozent gesenkt werden könnte, ohne drastische Änderungen des Lebensstils.[131] Die durchschnittliche Amerikanerin überschreitet diesen Wert um das Sechsfache, der durchschnittliche Schweizer um das Dreifache, aber eine Inderin verbraucht nur ein Zwölftel.[132]

Wachstum, Armut und Ungleichheit

15) Ist Wachstum nicht notwendig, um Armut zu bekämpfen?
Wachstum genügt nicht, um Armut zu bekämpfen. Trotz des phänomenalen Wachstums der letzten Jahrzehnte gibt es in den USA vierzig Millionen und im Vereinigten Königreich elf Millionen Arme – 12 beziehungsweise 17 Prozent der Bevölkerung – und damit den gleichen Anteil wie in den 1970er Jahren. Im Jahr

130 P. Brown, »Cuba's Urban Farming Shows Way to Avoid Hunger«, EcoWatch, 12. November 2019, https://www.ecowatch.com/urban-farming-cuba-2641320251.html.

131 B. Lars-Arvid, L. Leuser, C. Baedeker, F. Lehmann u. S. Thomas, *Energy Sufficiency in Private Households Enabled by Adequate Appliances*, Wuppertal Institut für Klima, Umwelt, Energie, 2015, https://epub.wupperinst.org/frontdoor/deliver/index/docId/5932/file/5932_Brischke.pdf.

132 R. Gessler u. B. Volland, »On the Way to the 2000-Watt Society« (2016), https://www.stadt-zuerich.ch/portal/en/index/portraet_der_stadt_zuerich/2000-watt_society.html.

2008 lebten 24 Prozent der Menschen in Ländern mit hohem Einkommen nach wie vor mit weniger als dem in ihrem Land als sozialverträglich geltenden Minimum.[133] Wachstum ist auch kein wirksamer Mechanismus zur Verringerung der weltweiten Armut. Die ärmsten 60 Prozent der Menschheit erhalten nur 5 Prozent des gesamten durch das globale Wachstum neu erzielten Einkommens. Die Früchte des Wachstums könnten zweifelsohne besser verteilt werden. Aber das gilt auch für eine gleichbleibende oder sinkende Produktion. Wachstum wird als Ausrede benutzt, um nicht umzuverteilen, weil man glaubt, dass Umverteilung das Wachstum einschränke, und weil Wachstum das Versprechen beinhaltet, die Situation aller zu verbessern. In diesem Sinne ist das Streben nach Wachstum ein Hindernis für die Bekämpfung der Armut.

16) Ist Wachstum nicht notwendig, um die Ungleichheit zu verringern?

Auf globaler Ebene ist die Ungleichheit aufgrund des Anstiegs der früher sehr niedrigen Einkommen in China und Südostasien zurückgegangen. Die Ungleichheiten zwischen den Ländern und zwischen Menschen innerhalb der Länder haben jedoch in den letzten Jahrzehnten trotz des Wirtschaftswachstums zugenommen. Früher dachte man, die zunehmende Ungleichheit sei ein Merkmal der frühen Industrialisierung und die Ungleichheit nehme mit dem zunehmendem Wohlstand eines Landes ab. Doch wie Thomas Piketty gezeigt hat, war die Verringerung der Einkommensunterschiede Mitte des 20. Jahrhunderts nicht das Ergebnis von Wachstum, sondern ging auf die Vernichtung von Wohlstand während der Großen Depression und des Zweiten Weltkriegs zurück, gefolgt von einer starken Gleichstellungspolitik in Europa und Nordamerika. Seit 1980 ist das Wachstum mit mehr, nicht mit weniger Ungleichheit einhergegangen.[134] Die Politik ist wichtiger als das Wachstum. Zugegeben, die Steuereinnahmen können mit dem Wachstum steigen, sodass progressive Regierungen mehr für so-

133 M. Ravallion, »A Relative Question«, *Finance & Development*, 49 (2012), 4, S. 40–43.

134 T. Piketty, *Das Kapital im 21. Jahrhundert*, München 2016.

ziale Zwecke ausgeben können. Aber die derzeitigen Steuern sind im Vereinigten Königreich und in den USA viel niedriger als vor Jahrzehnten, als die Ökonomien dieser Länder nur einen Bruchteil dessen produzierten, was sie heute produzieren. In Kontexten, in denen das Wachstum den Eliten als Vorwand dient, weniger zu zahlen, ist die relative Armut zu einem strukturellen Merkmal der heutigen Ökonomien geworden, ganz gleich, wie stark sie wachsen.

17) Verlangt Degrowth den Menschen unrealistische Einkommensreduzierungen ab?

Es ist nicht wünschenswert, um nicht zu sagen politisch unmöglich, in Ländern mit hohem Einkommen eine Senkung des mittleren Einkommens um zwei Drittel zu fordern, damit sich diese Länder dem Rest der Welt angleichen. Aber wir haben hier von einer Verringerung des Ressourcen- und Energieverbrauchs gesprochen, nicht von einer direkten Senkung der Einkommen. Eine Reduzierung des Energieverbrauchs um zwei Drittel ist denkbar. Die Einkommen einiger Menschen, die ein komfortables Mittelstandsleben führen, mögen unter Degrowth sinken, doch die absoluten Einkommen sagen nicht viel über die Lebensqualität aus. Das Pro-Kopf-BIP Spaniens war 1985 fast halb so hoch wie heute, doch der Lebensstandard der Spanier war nicht spürbar schlechter. Das spanische Pro-Kopf-BIP liegt bei 60 Prozent des US-BIP (und die Löhne sind viel niedriger); dennoch leben wir in Barcelona genauso gut wie die Menschen in Florida. Die Kaufkraft des Einkommens hängt von den Lebenshaltungskosten ab und davon, ob grundlegende Güter privat oder öffentlich, dereguliert oder reguliert sind. Drei von uns in Europa haben Zugang zu einem öffentlichen Gesundheitssystem, Susan in den USA dagegen nicht, sodass wir mehr von unseren verhältnismäßig niedrigen europäischen Gehältern haben, als es sonst der Fall wäre.

18) Richtet sich Degrowth gegen das Wirtschaftswachstum armer Länder?

Die Verringerung des materiellen Fußabdrucks Afrikas ist weder notwendig noch wünschenswert. Das bedeutet aber nicht, dass dort eine Wachstumsgesellschaft nach europäischem oder USamerikanischem Vorbild aufgebaut werden sollte; die Menschen sollten die Freiheit haben, ihren eigenen Weg zum Wohlstand zu gehen. Länder mit mittlerem Einkommen wie Costa Rica erreichen menschliche Entwicklungsstandards mit einem Bruchteil des Einkommens und des Ressourcenverbrauchs reicher Länder.[135] Arme Menschen brauchen sauberes Wasser, eine öffentliche Gesundheitsversorgung, erschwingliche Wohnungen und Nahrungsmittel – nicht ein allgemeines BIP-Wachstum, das oft auf den Auslandskonten lokaler Eliten landet.

19) Müssen die reichen Länder wachsen, um den Rest der Welt aus der Armut zu befreien?

Nein, das müssen sie nicht. Im Gegenteil, mehr Wachstum in den reichen Ländern kann die Lage der ärmeren Gesellschaften, die durch den Klimawandel und die wachstumsbedingten Umweltkatastrophen geschädigt sind, nur verschlechtern. Die Energie, die zur Befriedigung der Grundbedürfnisse in den armen Ländern benötigt wird, wird einen beträchtlichen Teil des verbleibenden globalen Kohlenstoffbudgets verbrauchen.[136] Daher müssen sich Nationen und Menschen mit hohem Verbrauch zurücknehmen, um Platz für solche mit niedrigem Verbrauch zu schaffen. Der Westen ist reich geworden, indem er den Rest der Welt ausgebeutet hat. Entsprechend bizarr ist es, jetzt zu behaupten, der Westen müsse aus Nächstenliebe weiter wachsen, um die Produkte der Armen zu kaufen. Trickle-Down- oder Entwicklungshilfe-Diskurse erwecken den Anschein, als würde das Wachstum im Westen zur Entwicklung des globalen Südens beitragen. Stattdessen täten die Länder mit hohem Einkommen besser daran, einen Teil ihrer ökologischen Schulden zurückzuzahlen und die ungleichen Kapital- und Ressourcenströme umzukehren.

135 J. Steinberger, J. Roberts, G. Peters u. G. Baiocchi, »Pathways of Human Development and Carbon Emissions Embodied in Trade«, *Nature Climate Change*, 2 (2012), S. 81–85.

136 W. F. Lamb u. N. D. Rao, »Human Development in a Climate-Constrained World: What the Past Says About the Future«, *Global Environmental Change*, 33 (2015), S. 14–22.

20) Würden die Schulden ohne Wachstum nicht explodieren?
Möglicherweise, doch die Wirtschaft kann nicht gezwungen werden, zu den fiktiven Zinssätzen zu wachsen, die Banken und Finanziers verlangen. Es müssen internationale Mechanismen für den Schuldenerlass geschaffen werden. Schuldenerlässe für einkommensschwache Länder können ökologische und Kohlenstoff-Schulden ausgleichen, während etablierte Prozesse demokratischer Schulden-Audits dazu beitragen können, angemessene von unangemessenen Schulden zu unterscheiden. Langfristig müssen sich die Kreditinstitute ändern. Dies kann erleichtert werden, wenn die Kreditgeber*innen keine Zinsen weitergeben dürfen oder wenn sie nur eine einmalige Gebühr für die Kreditvergabe und keine Zinseszinsen verlangen. Auch die Art und Weise, wie neues Geld in die Wirtschaft gelangt, könnte sich ändern. Gegenwärtig wird Geld in Form von Schulden erzeugt, die von privaten Banken vergeben werden. Im Rahmen von Vorschlägen für öffentliches (positives) Geld könnte der Staat stattdessen Geld ohne Schulden schaffen und es für gesellschaftlich nützliche Projekte ausgeben – beispielsweise für ein Grundeinkommen und allgemeine Grunddienste.[137]

21) Wird die Arbeitslosigkeit ohne Wachstum nicht steigen?
Nicht unbedingt. Politische Maßnahmen bestimmen, wie die Beschäftigung mit dem Wachstum interagiert. In Japan oder Österreich führt 1 Prozent weniger Wachstum zu nur 0,15 Prozent mehr Arbeitslosigkeit, verglichen mit 0,85 Prozent mehr in Spanien.[138] Eine Verringerung der Arbeitszeit aller Arbeiter*innen schafft neue Arbeitsplätze, ebenso wie öffentliche Ausgaben für GNDs, allgemeine Grunddienste oder Sozialfürsorge. Wenn die Produktivität aufgrund der Abkehr von fossilen Brennstoffen sinkt, steigt die Nachfrage nach menschlicher Arbeit. Steigt die Produktivität

137 Positive Money, »Escaping Growth Dependency« (2018), https://positivemoney.org/publications/escaping-growth-dependency.
138 Kallis, *Degrowth*, S. 109–110.

aufgrund der Automatisierung, dann kann durch Arbeitszeitverkürzung Arbeitslosigkeit vermieden werden.

22) Warum sprechen wir nicht darüber, das Bevölkerungswachstum zu stoppen?

Bevölkerungswachstum ist ein Ergebnis von Wachstumssystemen, die billige Arbeitskräfte und Konsument*innen benötigen; mit Degrowth konzentrieren wir uns auf die Ursachen, nicht auf die Symptome. Es stimmt, dass es eine starke Korrelation zwischen höherem BIP und niedrigerer Fruchtbarkeit gibt, aber es gibt keine Belege dafür, dass die Fruchtbarkeit steigt, wenn das BIP sinkt. Es liegt auf der Hand, dass Bildung, Gesundheit und Geschlechtergleichstellung, wie sie in einigen Ländern mit hohem Einkommen möglich sind, auch in Ländern mit einem viel niedrigeren BIP erreicht werden können. Die Stärkung und Verteidigung der Bildung und des Selbstbestimmungsrechts der Frauen, die Umsetzung öffentlicher Maßnahmen wie Renten und öffentliche Gesundheit sowie die Förderung kultureller und lebensstilbezogener Veränderungen können das Bevölkerungswachstum verlangsamen, wie es in vielen Teilen der Welt bereits geschehen ist.[139]

23) Wird das Wohlergehen der Menschen leiden, wenn es kein Wachstum mehr gibt?

Das kommt darauf an. Wachstum hat aufgehört, das objektive oder subjektive Wohlbefinden der Menschen zu verbessern.[140] Der globale Index für genuinen Fortschritt, eine solide Zusammenstellung verschiedener Indikatoren menschlichen Wohlbefindens, stagniert in einigen Ländern mit hohem Einkommen wie den USA seit den 1950er Jahren, in anderen Ländern seit den 1960er, 1970er oder 1980er Jahren. Nur eine*r von drei Einwohner*innen der USA bezeichnet sich selbst als »sehr glücklich«: ein Prozentsatz, der seit 1973 schwankt, sich aber nicht wesentlich verändert hat, obwohl das BIP in die Höhe geschnellt ist. In Ländern mit

139 Für eine ausführlichere Diskussion über Bevölkerung, Einwanderung und Wachstumsrückgang siehe Kallis, *Degrowth*, S. 180–187.

140 Ausführlichere Angaben: ebd., S. 87–95.

mittlerem Einkommen ist die Lebenserwartung ähnlich hoch wie in Ländern mit hohem Einkommen, und die Einwohner*innen einiger Länder mit mittlerem Einkommen (Costa Rica) sind zufriedener als die von Ländern mit hohem Einkommen (USA oder Hongkong). Gleichheit hat einen viel stärkeren Einfluss auf das gesamtgesellschaftliche Wohlbefinden als das BIP. Und wie die Harvard-Studie zur Entwicklung von Erwachsenen herausgefunden hat, ist der wichtigste Prädiktor für das individuelle Wohlbefinden nicht das Einkommen oder die Klassenzugehörigkeit, sondern die Eingebundenheit in soziale Beziehungen. Wirtschaftliche Rückgänge können sich negativ auf das Wohlbefinden auswirken, wenn sie zu bestimmten Sparmaßnahmen führen, aber nicht, wenn sie Änderungen des Lebensstils mit positiven Auswirkungen auf die Ernährung und die Gesundheit nach sich ziehen oder die Menschen einander näher bringen. Degrowth ist nicht einfach eine Schrumpfung der Wirtschaft, sondern ein Projekt, das darauf abzielt, in gleichberechtigteren Gesellschaften sinnvoll zu leben, einfache Freuden zu genießen, mehr mit anderen zu teilen und in Beziehung zu treten und weniger zu arbeiten. Degrowth könnte das Wohlbefinden *verbessern*.

Ihr habt mich überzeugt. Aber was können wir tun?

Wir können miteinander sprechen und die in diesem Buch erzählte Geschichte verbreiten. Wir können Zirkel, Lesegruppen, offene Universitäten und Schulen gründen, offline und online, um zu diskutieren, was als Nächstes zu tun ist.[141]

Wir können mehr Zeit und Ressourcen in kooperative Lebens-, Produktions- und Konsumräume außerhalb der Wachstumsökonomie investieren. Dazu kann es gehören, Konsumgenossenschaften

141 Wer die Degrowth-Community näher kennenlernen möchte, ist herzlich eingeladen, an unseren Sommerschulen (https://summerschool.degrowth.org), Masterprogrammen (https://master.degrowth.org), den alle zwei Jahre stattfindenden internationalen Degrowth-Konferenzen (https://www. degrowth.info/de/conferences), der Feminisms and Degrowth Alliance (FaDA – https://www.degrowth.info/de/2017/02/feminisms-and-degrowth-alliance-fada-newly-launched) oder der Global Tapestry of Alternatives (https://globaltapestryofalternatives.org) teilzunehmen.

beizutreten, für gemeinnützige oder öffentliche Einrichtungen zu arbeiten, Ersparnisse in Genossenschaftsbanken oder ethischen Banken anzulegen, bei sozial verantwortlichen Anbieter*innen einzukaufen oder Obst und Gemüse in lokalen Gärten anzubauen. Wenn private und öffentliche Systeme ins Wanken geraten und unsere Bedürfnisse nicht mehr befriedigen können, können wir zusammenkommen und uns gegenseitig helfen, damit fertig zu werden, indem wir neue Strukturen schaffen und den gemeinnützigen und öffentlichen Sektor erneuern.

Wir können unser Verhalten ändern, um unseren Kohlenstoff- und materiellen Fußabdruck zu verkleinern: weniger kaufen und mehr teilen; wiederverwenden und recyceln, wo es möglich ist; weniger Fleisch essen; weniger fliegen und fahren; mehr Züge, öffentliche Verkehrsmittel und Fahrräder benutzen; Strom von Anbieter*innen erneuerbarer Energien beziehen, am besten von Genossenschaften.

Wir können für diejenigen stimmen, die Initiativen wie die hier vorgestellten vorantreiben wollen. Wir können unsere politischen Vertreter*innen warnen, dass wir sie nicht wählen werden, wenn sie nicht aufhören, das Wachstum zu verherrlichen und sich stattdessen verpflichten, die Agenda der fünf Reformen voranzutreiben. Wir können den Politiker*innen und politischen Parteien, die wir unterstützen, helfen, indem wir uns an ihren Organisierungs- und Tür-zu-Tür-Kampagnen beteiligen.

Wir können einer Gewerkschaft oder Student*innengewerkschaft beitreten, falls wir das noch nicht getan haben, und für bessere Arbeitsbedingungen und kürzere Arbeitszeiten streiken. Wir können uns für Maßnahmen gegen den Klimawandel einsetzen. Wir können uns an Protesten und direkten Aktionen gegen Sparmaßnahmen, Zwangsräumungen, steigende Studiengebühren und die Verschuldung von Student*innen beteiligen oder uns für das Recht auf Stadt, das Recht auf Wohnen sowie die Rechte von Arbeiter*innen, Frauen, Einwanderer*innen oder Reinigungskräften einsetzen. Wir können erkennen, dass viele der Kämpfe, die sich in unseren Städten und an unseren Arbeitsplätzen abspielen, ihre Wurzeln in Kräften haben, die das Wachstum vorantreiben und gleichzeitig immer größere Opfer fordern.

Ja, ein Tag mit nur vierundzwanzig Stunden ist für all das zu kurz. Wir müssen unseren Lebensunterhalt verdienen, und das unter Bedingungen, die sich in vielen Bereichen verschärfen. Wir haben auch das Recht, Freude in unserem Leben und mit anderen zu finden, sei es beim Feiern, Musizieren, Unterhalten oder Protestieren. Wir können verletzlich sein und andere für uns sorgen lassen, in dem Wissen, dass wir auch für sie sorgen werden. Wir können lernen, mit unseren Widersprüchen zu leben (bis zu sieben, nicht vergessen!). Und schließlich können wir freundlich zu uns selbst sein, wie wir es auch zu anderen sind.

mandelbaum *empfiehlt*

Karin Fischer, Margarete Grandner (Hg.)
GLOBALE UNGLEICHHEIT
Über Zusammenhänge von Kolonialismus, Arbeitsverhältnissen und Naturverbrauch

400 Seiten, Euro 26,–
ISBN 978385476-941-5

Pablo Servigne, Raphaël Steven
WIE ALLES ZUSAMMENBRECHEN KANN
Handbuch der Kollapsologie

320 Seiten, Euro 22,–
ISBN 978385476-920-0

Jonas Frick
POLITIK DER GESCHWINDIGKEIT
Gegen die Herrschaft des Schnelleren

248 Seiten, Euro 19–
ISBN 978385476-877-7